JN155111

学問としてのオリンピック

橋場 弦・
Hashiba Yuzuru
村田奈々子 編
Murata Nanako

山川出版社

はじめに

四年に一度おこなわれる国際的なスポーツの祭典であるオリンピックは、なぜかくも多くの人々の関心を集めるのであろうか。なぜ人々は、選手たちの一挙手一投足を息をこらしてみつめ、自国の選手の活躍に喝采し、ときにナショナリズムの高揚にひたるのであろうか。なぜ世界中のメディアは、あれほどまでにオリンピックの報道に力を入れるのであろうか。オリンピックは、そもそもいかなる魅力をもつのだろうか。

オリンピックは単なる国際スポーツ競技会ではない。それは国際規模の平和の祭典であり、巨大な国際交流の場でもある。オリンピックは、かならずしもスポーツに限定されない、文化的メッセージを発信する。開会式や閉会式では、開催国の歴史・伝統・文化に彩られたパフォーマンスが繰り広げられ、世界の平和、多様な国家・地域・民族の共存が訴えられる。参加選手や観客のみならず、メディアを通じてつながる全世界の人々が、ある一つの経験を共有する。四年に一度、世界の人々はスポーツを通じて一つになる感覚——幻想をいだく。

オリンピックの開催が近づくたびに、私たちはオリンピックをめぐるさまざまな情報に接する。あまりの情報量の多さに、私たちはオリンピックの本来の目的や理念が何であったのか、ときに忘れてしまいがちである。今私たちに強く求められるのは、大量の、そしてときに皮相な情報に惑わされることなく、オリンピックをより広い知の文脈に位置づけ直してみることである。

本書は、以上のような問題意識のもとに、オリンピックの理念とあり方そのものに焦点をあて、それが私たちにいかなる意味をもつのかを、歴史(古代および近現代)・哲学・芸術・スポーツ科学といった複数の視点から考えてみる試みである。「オリンピック」を切り口とした専門横断的な試みは、これまであまり例がないものと自負する。読者に新鮮な知的発見が提供できればと願う。

本書は五章からなる。古代ギリシア史を専門とする橋場弦(東京大学教授)による第1章「古代オリンピック——ギリシア人の祝祭と身体」では、近代オリンピックの起源とされる古代ギリシアのオリンピアでの運動競技会の起源と成立、祭典と競技の様子をみたうえで、その背景にある古代ギリシア人のものの見方・考え方や人生観を探る。ギリシア哲学が専門の納富信留(東京大学教授)は、第2章「精神と肉体——オリンピックの哲学」で、古代ギリシアの詩人・哲学者・弁論家たちのオリンピックにまつわるテクストを紹介しつつ、哲学が反オリンピック的性格をもつことを明らかにする。そのうえで、今日私たちがオリンピック哲学の創始をめざすうえで考えなくてはならないことを示唆する。第3章で「オリンピックと芸術——ビジュアルな古代ギリシア」を取り上げる飯塚隆(国立西洋美術館研究員)は、古代ギリシア人の肉体のとらえ方が芸術作品にいかに反映されているのかを、多様な図版を用いながら論じる。また考古学的知見にもとづいて、オリンピアの神殿や古代オリンピックのスタジアムの位置について考察する。スポーツ・バイオメカニクスが専門の深代千之(東京大学教授)による第4章「スポーツを科学する──身体運動の動作分析」は、古代から今日のオリンピックにいたるまで、多くの競技種目に共通する基本的な動きである「走る」「跳ぶ」「投げる」の三つに焦点をあて、科学の視点からこれらの動作を分析する。第5章「近代オリンピックの始まり──普遍的理念とナショナリズムのせめぎ合い」は、近現代ギリシア史を専門とする村田奈々子(東洋大学准教授)が担当した。この章では、オリンピックを近代に蘇らせた理念と、第一回近代オリンピック開催地ギリシアにおけるナショナリズムの対立を明らかにする。そのうえで、近代オリンピックが始まって一世紀以上をへた今日、近代オリンピックの創始者クーベルタンがその理念に託した人間讃美のメッセージに、あらためて思いをひそめることの大切さを主張する。

各章の内容は、東京大学教養学部前期課程(一・二年生を対象とする課程)で、二〇一五年度に開講された「国際研修」科目の一つである「学問としての『オリンピック』」での講義をもとにしたものである。講義を受講した一四人の学生は、本書の五つの章に対応する事前講義を受講したのち、編者の一人である村田の引率で、一一日間にわたりギリシアおよびフランスのオリンピック関連施設や博物館、美術館をめぐった。知の現場での彼らの姿は、本書第1章と第3章掲載の写真に見ることができる。

本書の記述が、高度に商業化した今日のオリンピックを、教養としての知の文脈のなかでとらえ直す視点を提供できれば幸いである。本書が照らし出すオリンピックの理念に見出される、人としてより良く生きようとする姿勢は、多くの人々の心に響くに違いない。

二〇一六年五月

村田奈々子

目次

第1章　古代オリンピック
ギリシア人の祝祭と身体

橋場　弦

オリンピック——古代と現代

近代オリンピックは、十九世紀の末にピエール・ド・クーベルタン（一八六三〜一九三七）が古代オリンピック復活を提唱して実現したもので、その起源はいうまでもなく古代ギリシアにある。前七七六年の第一回大会から後三九三年の第二九三回大会まで、ギリシア北西部オリンピアの地で一二〇〇年近くにわたって開かれていたゼウスの祭典が、古代オリンピックである。クーベルタンの理想は、その古代の高貴な魂を現代に復活させることであった。

古代オリンピックとその周辺を探究するということは、単に競技の起源ばかりではなく、その背後にある古代ギリシア人のものの見方・考え方、人生観といったものを知ることにもつながる。本章では、古代オリンピックの起源と成立、祭典と競技のありさまをみたうえで、その背景にあるギリシア人の思想を探ってみることにしよう。

オリンピックを古代と現代で比較すると、どのような共通点、そして相違点がみえてくるだろうか。

第一の共通点は、古代オリンピックも四年に一度、夏に開催されたこと。そして第二には、全ギリシア世界が参加する国際的祭典だったことである。当時のギリシアは、ポリスと呼ばれる都市国家が一〇〇〇以上も割拠していて、つねに小国分立状態にあった。それらの都市国家がオリンピックのときだけは休戦協定を結び、各国の代表がオリンピアに集まって運動の技を競い合ったのである。

次に相違点。何より大きな違いは、古代オリンピックが神々の父ゼウスに捧げる宗教的祭典だったことである。ギリシアにはオリンピック（オリンピア祭）のほかに、音楽や医学の神アポロンに捧げられたピュティア祭、海の神ポセイドンに捧げられたイストミア祭、やはりゼウスに捧げられたネメア祭という全ギリシア的競技祭があり、あわせて「四大競技祭」と呼ぶ。四つの祭典（一一頁、表1）はいずれも同一の時期におこなわれることがなく、四年を一周期として開催されたので「周年競技祭（ペリオドス）」とも呼ばれる。これらはいずれも運動競技を神に奉納する宗教祭典であったが、そのなかでも最古の伝統と最大の名声を誇ったのがオリンピックであった。

オリンピアという地名は、この聖地の主祭神、ゼウス・オリュンピオスに由来する。ギリシア北部のオリンポス（オリュンポス）山は、ゼウスを家長とする神々の家族が住む山とされ、そこから「オリンポス山の主ゼウス」すなわち「ゼウス・オリュンピオス」という神格が生まれた。その添え名である「オリュンピオス」から、この神の祀られる地がオリンピア（オリュンピア）となり、またそこで開かれる祭典もオリンピアと呼ばれるようになったのである。

したがって、この祭典の中心はゼウス神に捧げる宗教儀礼にあり、運動競技は本来それに付随するものであった。それがいつのまにか、運動競技が祭典の実質的な目玉となったのである。しかしながらなお、五日間の大会プログラムでいちばん重要な儀式は、三日目におこなわれる祭礼行列と大犠牲式であった（本章後述）。

オリンピックの誕生

さてオリンピアの地が、ギリシア世界において地理的にどのような位置にあったかというと、これはかなりの僻地《へきち》だった。

オリンピアはペロポネソス半島北西端のエリスと呼ばれる地方にあった。アテナイ（アテネ）やスパルタといった大国からは、かなり隔たっていたことが注目される。のみならずエリス地方は、歴史的にみても発展の遅れた地域であった。ここにはミケーネ時代（前十六〜前十三世紀）の小王国は存在せず、文明の恩恵に浴した形跡はない。初期鉄器時代（いわゆる「暗黒時代」、前十二〜前九世紀）にはいってまもなく、ドーリア系ギリシア人がギリシア本土北西部から移住してきたらしい。しかしその後

トラキア
黒海
ビュザンティオン
(コンスタンティノープル)
アブデラ
サモトラケ
タソス
フリュギア
トロイア
トロアス
テネドス
ミュシア
アイオリス
レスボス
ペルガモン
ミュティレネ
小アジア
リュディア
エーゲ海
キオス
サルディス
コロフォン
イオニア
サモス
エフェソス
カリア
ミュコノス
ミレトス
デロス
パロス
ナクソス
ハリカルナッソス
コス
ロドス
テラ(サントリーニ)
地中海
▲イダ山
クレタ
0
200km

イリュリア
アドリア海
ペラ
マケドニア
ベロイア
カルキディケ
ポテイダイア
アトス山
オリンポス山
テッサリア
メンデ
ドドナ
エペイロス
テルモピュライ
アイトリア
フォキス
カイロネイア
エウボイア
西ロクリス
デルフォイ
ボイオティア
ナウパクトス
コリントス湾
テバイ
マラトン
アカイア
アッティカ
メガラ
シキュオン
アテナイ
(アテネ)
イオニア海
エリス
ザキュントス
エリス
ネメア
コリントス
イストモス
ピサ
アルカディア
ミケーネ
オリンピア
ペロポネソス半島
アルゴリス
アルフェイオス川
フィガレイア
ケオス
エピダウロス
メッセニア
ハリエイス
スパルタ
アルゴス
ラコニア
パエストゥム
(ポセイドニア)
シュバリス
(トゥリオイ)
テュレニア海
クロトン
イオニア海
ナクソス
シチリア
レオンティノイ
アクラガス
シュラクサイ
(シラクサ)
ゲラ
0
100km
図1 古代ギリシア世界

も都市化の動きは遅く、エリスという都市国家が成立するのは、ようやく前四七一年のことである。都市エリスから南東に四〇キロほど離れたところにあるオリンピアという場所は、古くから祭祀の地ではあったものの、もともと人の定住する集落ではなかった。まして国家ですらなく、アルフェイオス川の畔、クロノスの丘の南のゼウス神域を指す地名にすぎない。前十世紀の末から前九世紀初め頃、ゼウスの神託所として祭典が始まったオリンピアは、周辺共同体の豪族たちの集会場となり、彼らは神託を請う返礼に巨大な青銅製の三脚釜を奉納した。すでにこのころからオリンピアが、主要国から離れた中立地帯に位置するローカルな集会場として、政治的・社会的役割をはたしていることがわかる。

前八世紀にはいると、地中海沿岸各地へのギリシア人による植民活動が活発化する。イタリア半島・シチリア島への植民に際し、オリンピアのゼウス神が重要な神託をくだすようになると、この神域は一挙に地域をこえて広く信仰を集めるようになる。伝承によれば前八世紀の末、シチリアのシュラクサイ(シラクサ)に植民市が建設された際には、オリンピアから派遣された予言者の一人が大なる貢献をなしたという。オリンピアは、西方の植民市とギリシア本土との結節点となり、各地からの奉納品が増大し、神域は拡大した。

古代オリンピック第一回大会は、ふつう前七七六年とされ、これが第一オリンピアードの第一年と数えられる。のち前三世紀から一般化する古代ギリシア世界共通の暦年として、オリンピアード紀年法というものがあった。オリンピックとオリンピックの間の四年間を「オリンピアード」と呼んで、ある特定の年を「第○オリンピアードの第○年」というように記録する方法である。このオリンピアード紀年法に従って逆算すれば、第一回オリンピック大会が開催されたのは前七七六年、ということになるのである。

第一回大会が本当にこの年だったかどうか、確証する手立てはない。ただ、今日の考古学的調査によれば、前八〇〇年頃から、以前よりもっと広い範囲の地域からの奉納品がめだつようになり、ペロポネソス半島西部のみならず、他のギリシア諸地域の新興諸国からも貴族たちが祭儀に参加するようになったことがわかるという。とくに大国スパルタの参加が、オリンピアを国際化するうえで重要な契機になった。この前八世紀を境目として、オリンピアの祭典が、エリス地方のローカルな祭儀から、ギリシア諸国の参加する国際的なそれへと変貌を遂げたのは事実である。だから、運動競技がこの年からオリンピアの地で本格的に始まったとしても、けっしておかしくはない。

貴族たちが競い合ったのは、奉納品の豪華さだけではなかった。彼らは運動競技によって肉体の優秀性（アレテ）をも披瀝し合ったのである。大国に領有されない共有・中立の神域で、しかも対等の立場で、富や肉体の美を競い合い、そして勝つことは、自国における貴族の地位を確保することにつながった。この構図こそ、全ギリシア世界の政治エリートたちが争ってオリンピアに参集し、そしてオリンピックが世界的な競技祭に成長していった理由なのである。

オリンピックの発展

続く前七〜前六世紀にかけては、国際的祭典に成長したオリンピックの開催権をめぐり、エリス人と近隣のピサ人との間に紛争が起こるようになる。開催権はしばらく両国間を行き来したらしいが、前五七二年の戦いで、スパルタの支援を受けたエリスがピサを破り、エリスがオリンピアの新しい支配者となる。

とはいえ、開催国エリスとて小国である。オリンピックは、その後の国際政治の変動と、けっして無縁ではいられなかった。

ペルシア戦争の試練を乗りこえ、その勝利後はじめての前四七六年大会は、祝勝大会として挙行され、全ギリシアの和合が祈願された。競技祭は拡大され、前四六八年に大会は五日間に延長される。神域の権威はさらにまし、エリス人は巨大なゼウス神殿の建設に着手、前四五七／四五六年には落成した。そこにおさめられた黄金象牙製の巨大なゼウス神像は、以後オリンピア観光の目玉となった。古代オリンピックの基本的骨格は、このころほぼ完成したとみてよい。

しかしオリンピックの国際的権威の高まりとともに、それを自国の影響下におこうとする大国の露骨な干渉が始まる。開催国エリスは前四七一年にようやく都市国家を建設、ポリスとしてスタートを切ると同時に、アテナイに倣《なら》った民主的国制を採用した。ギリシア世界がアテナイとスパルタの二大陣営に分かれて争ったペロポネソス戦争（前四三一〜前四〇四年）が勃発すると、エリスはスパルタ側についた。前四二八年大会では、オリンピアでスパルタ陣営の同盟会議が開かれ、対アテナイ戦争が討議されている。ところがその後エリスはスパルタと領域紛争を起こし、アテナイ側に寝返った。オリンピア周辺は、二大陣営の代理戦争の舞台となったのである。アテナイがこの戦争に敗れたのち、前四〇二／四〇一年にエリスはスパルタと直接対戦して敗北、アルフェイオス川流域の領有権を失うが、オリンピアの神域管理権と大会開催権だけは手放さなかった。

前三六五年、今度は東方で勢力を伸ばしてきたアルカディア連邦軍にエリスは敗れ、ついに神域管理権と大会開催権を奪われてしまう。アルカディアがピサと共同で主催した翌前三六四年大会では、主催権を奪い返そうとしたエリスが他国の支援を受けてオリンピアに軍事侵攻し、聖域のただ中でアルカディア側と戦闘するという、古代オリンピック史上最大の不祥事が起こった。エリスは戦闘に勝利するが、司令官が戦死して撤退する。だがまもなく国際的非難をあびたアルカディアは開催権を放棄、エリスがふたたび開催国の地位に返り咲くのである。

こうしてみると、主要国から離れた僻地で開催されたとはいえ、オリンピアは強国の勢力争いと無関係ではいられなかったことが明らかとなる。オリンピックは、その時々の国際情勢の危ういバランスの上に成り立っていた。

政治的中立

こうした紆余曲折をへながらも、なぜオリンピックが政治的中立性を保てたのか。この問題を、他の競技祭と比較しながら、その開催形態という観点から考えてみよう。四大競技祭とその開催国(開催団体)を比較してみると、それぞれに特徴がある(表1)。まず知名度という点では、オリンピックとピュティア祭は他の二つに比べて国際的威信が高く、なかでも最古の伝統を誇るオリンピックはもっとも高い。

イストミア祭とネメア祭は、明らかにオリンピックとピュティア祭を意識して、それらとかさならない年に開催年が定められている。イストミア祭とネメア祭の特徴は、いずれも国際大会でありながら、それぞれコリントスとアルゴスという当時の強国に支配権を握られていたことである。一国の、しかも強国の影響下におかれている点が、かえってこれら二つの競技祭の国際的威信を相対的に低くしたといえよう。一方、例えばピュティア祭は、デルフォイという都市国家で開催されながら、開催権はこの国にはなくて、デルフォイの神域と祭典を共同管理している国際組織である隣保同盟(アンフィクテュオニア)が掌握していた。その意味では、オリンピックよりも国際的に組織されている競技祭なのであるが、かといって公平中立に運営できたかというと、かならずしもそうではない。隣保同盟は、神託を政治的に利用しようとする各国の思惑から内部対立することが多く、したがってアテナイやスパルタなど強国の影響力に染まる傾向が強かったのである。

表1　四大競技祭の比較

競技祭名	創設年	開催地	開催国	開催年	祭神	冠
オリンピック	前776	オリンピア	エリス	オリンピアード1年	ゼウス	オリーブ
ピュティア祭	前586	デルフォイ	隣保同盟	同3年	アポロン	月桂樹
イストミア祭	前582	イストモス	コリントス	同2・4年（春）	ポセイドン	松，のち乾燥セロリ
ネメア祭	前573	ネメア	アルゴス	同2・4年（夏）	ゼウス	生セロリ

他の三つの競技祭に比べて、オリンピックは、エリスという小国が国際社会から開催権を委ねられている、という様相が濃い。オリンピックはもっとも高い名声を誇る競技祭だったが、これを大国が恒常的に支配下におくことは、ついにできなかった。アテナイもスパルタもアルカディア連邦も、オリンピアを支配しようとする誘惑に駆られてしばしば干渉の手出しをしたが、結果的にはいずれも失敗している。おそらく、オリンピアの神威への敬意と畏怖の念からギリシア人の国際世論がそれを許さなかったのであろうし、大国の干渉を挫くほどの伝統と威信をオリンピアのゼウス神がもっていたともいえよう。ともかくギリシア人の国際社会は、小国エリスが古来の伝統と格式に従ってオリンピックを管理・運営するのがもっともふさわしいと判断し、いくつかの逸脱事例を出しながらも、やはりこの開催形態へと立ち戻った。大国の意向に左右されないという、他の三つの競技祭にないこの開催形態が、オリンピアにもっとも高い栄誉と信用を与えたのである。

都市国家であるデルフォイなどと違い、オリンピアは純粋な神域として発達した。「どの国のものでもない」神域であること、それがオリンピックの政治的中立性の根源にあった。そして中立であるがゆえに、多くのアスリートたちの熱意を引き寄せたのである。

聖なる休戦

では古代オリンピックはどのように運営され、どのような競技が繰り広げられたのか。大会の進行を順に追いながらみてゆくことにしよう。

オリンピックが開催されるのは、四年に一度の年の夏至のあと、二度目か三度目の満月の前後、と決められていた。今日の暦ではおおむね八月上旬である。その年の春、海が穏やかになって船の行き来が容易になると、主催国エリスから、オリンピックの開催を告げる使節がギリシア全域に派遣される。これをスポンドフォロイ、すなわち休戦使節と呼ぶ。彼らからオリンピックの開催を告げられると、各都市国家は順次戦争をやめ、休戦期間にはいった。これがいわゆるオリンピックの聖なる休戦、すなわち「エケケイリア(ekekheiria)」と呼ばれる休戦期間であって、参加者が祖国を出発してから競技を終えて帰国するまでの、おおむね三カ月間有効とされた。

今日、オリンピックは平和の祭典とされ、スポーツをとおして世界平和を実現する機会と理解されているが、古代オリンピックの聖なる休戦はおのずと意味が違う。「エケケイリア」とは「手出しをしない状態」、すなわち、オリンピックとその参加者に武力行使しない、という意味であった。具体的には、第一にオリンピアの神域、ひいてはエリス領の神聖不可侵性を保障することである。大会期間中、軍隊がエリス領内を通過する際には、かならず国境で武器をエリス当局に預け、領外に去るときに返却してもらう定めであった。第二にはオリンピック参加者の身体の保護を、参加各国が約束すること。大会に参加する選手・コーチ、各国から答礼に来る祭礼使節、さらに見物人は、オリンピアへの往復路および滞在中、生命財産の安全を保証される。たとえ自国と交戦状態にある国の領内を通過する際にも、この原則は適用された。

したがって、この期間中の戦争全般が禁止されたのではなく、オリンピック開催を妨げるような武力行為だけが禁止された。聖なる休戦は、戦争自体をやめさせることはできなかったが、他方、戦争が間断なく続いていたにもかかわらず、オリンピックが継続して開催されることを保障したのである。わずか一二〇年ほどの間に、二度の世界大戦で中断したり、大国がボイコットの応酬をした歴史をもつ近代オリンピックに比べると、一二〇〇年近くもの間大会を続けさせた聖なる休戦の功績は大きい。

休戦が宣言されると、各国から続々と代表団が開催国エリスに到着する。選手、コーチをはじめ、選手の親族・友人や祭礼使節たちである。

選手は、まず本国で一〇カ月以上のトレーニングに励み、大会一カ月前までにはエリスに到着しなくてはならなかった。エリスはいわば選手村であり、そこで彼らはコーチとともにさらに練習を積んだうえで、大会参加にふさわしい技能をもっているかどうか、審判団の審査を受けた。いわば予選であり、これに合格した者のみが、本大会に出場を許されたわけである。

開催国エリスも、大会の一年ほど前から準備を始める。大会役員である審判をヘラノディカイ(ギリシア審判人)と呼ぶが、近代オリンピックと異なるのは、もっぱらエリスの市民から選ばれることである。しかも、今日の価値観からは信じがたいことに、この審判はみな抽選で選ばれた。当然素人であるが、彼らもまた選手同様、大会前の一〇カ月間、有識者から厳しい研修を受け、競技のルールを修得せねばならなかったという。審判は紫色の衣を着て、長い杖を手にし、ルール違反をした選手を容赦なく打ちすえるという、絶大な権限を委ねられた。鞭打ちの罰が奴隷にしか科されなかった当時において、自由人に対するものとしては例外的な懲罰の方法である。審判団は一〇人で、手分けして各種競技の進行と審判にあたった。また、大会実行委員会としてオリンピック評議会が組織され、やはりエリス人である五〇人の評議員が運営を担ったのである。

一方オリンピアの会場でも準備は進む。普段牧草地や麦畑として使われている競技場(スタディオン)では、大会を前にして草刈り作業と運動競技施設の整備が欠かせなかった。トラック表面の土をツルハシで掘り返して水を撒き、しかるのちローラーで平らにする作業が急ピッチで進行する。競馬場(ヒッポドロモス)施設の整備もおこなわれる。

大会運営には、競技施設の建設・維持を含め莫大《ばくだい》な資金が必要だったはずで、その財源確保や資金の支出管理を誰がどのようにおこなったのかは、研究上の重要な問題である。だが、運動競技に比べて、こうしたオリンピック財政の問題はあまり研究が進んでおらず、具体的なことはよくわかっていない。

大会のプログラム

次に、古代オリンピック大会五日間のプログラムと各競技種目について、具体的にみてみることにしよう(表2)。

表2　大会プログラム

日程	競技・行事
前日	選手団オリンピアへ行進
1日目	選手団到着。資格審査と選手宣誓。 少年の部各種競技。触れ役とラッパ手競技
2日目	祭壇巡拝。競馬競技。五種競技
3日目	ゼウス大犠牲式
4日目	徒競走。格闘技
5日目	表彰式。祝宴

まず大会前日。一カ月のトレーニングをへた選手団が、いよいよエリスからオリンピアに向けて行進する。出発に際して審判は次のように宣告する。「オリンピアにふさわしい練習を積み、怠惰や卑劣な行為をいっさいしていない者だけが、ここよりオリンピアに向けて行進せよ。しからざれば、ここよりいずこへなりと立ち去れ」。行進する関係者は、審判一〇人、評議員五〇人、選手約二〇〇人、コーチ、競馬競技の各チーム、親族・友人、従者の奴隷など、あわせて一〇〇〇人をくだらなかった。加えて見物人がぞろぞろついていくのだから、行列は全部で数千人の規模になっただろう。彼らがオリンピアに向け一日かけて行進する姿は、それ自体見物に値した

に違いない。

途中宿泊をへて、彼らがオリンピアに到着するのは大会一日目の朝。そこはすでに数千人の観衆が寝泊まりするテントで埋めつくされている。伝承では哲学者プラトン(前四二九頃〜前三四七)もオリンピック観戦に出かけ、見知らぬ者とテントをともにしたという。集まるのは競技の観衆だけではない。人出をあてこんだ商人や、優勝者に売りこみをはかる祝勝詩人、画家、彫刻家までが、群れをなしてオリンピアへやってくる。「世界の七不思議」の一つに数えられる、黄金と象牙でできたゼウスの巨像をはじめとして、神域を飾るさまざまなモニュメントを見物するのも、競技観戦と並んで人々のお目当てだった(第3章)。

競技祭を開催するにあたって、選手と審判団は、アルティスと呼ばれるオリンピア聖域内の、オリンピック評議会場に集合した(図2)。大会本部であるここで、選手年齢の最終確認がおこなわれる。競技は少年の部と成年の部に分かれ、成年(一八歳)に達しているかどうかを、親族・友人やコーチへの審問によって確認するのである。年齢を偽って出場することに対して、関係者は神経質なほどに警戒心を向けていた。しかるのち、選手と審判たちは、ルールに従って競技すること、公正な審判をすることを、評議会場内のゼウス神像の前で宣誓する。現在の開会式でもおこなわれる、選手役員の宣誓セレモニーである。

それから早速競技が始まる。初日午前中は、少年の部の各種競技がおこなわれる(ただし大会プログ

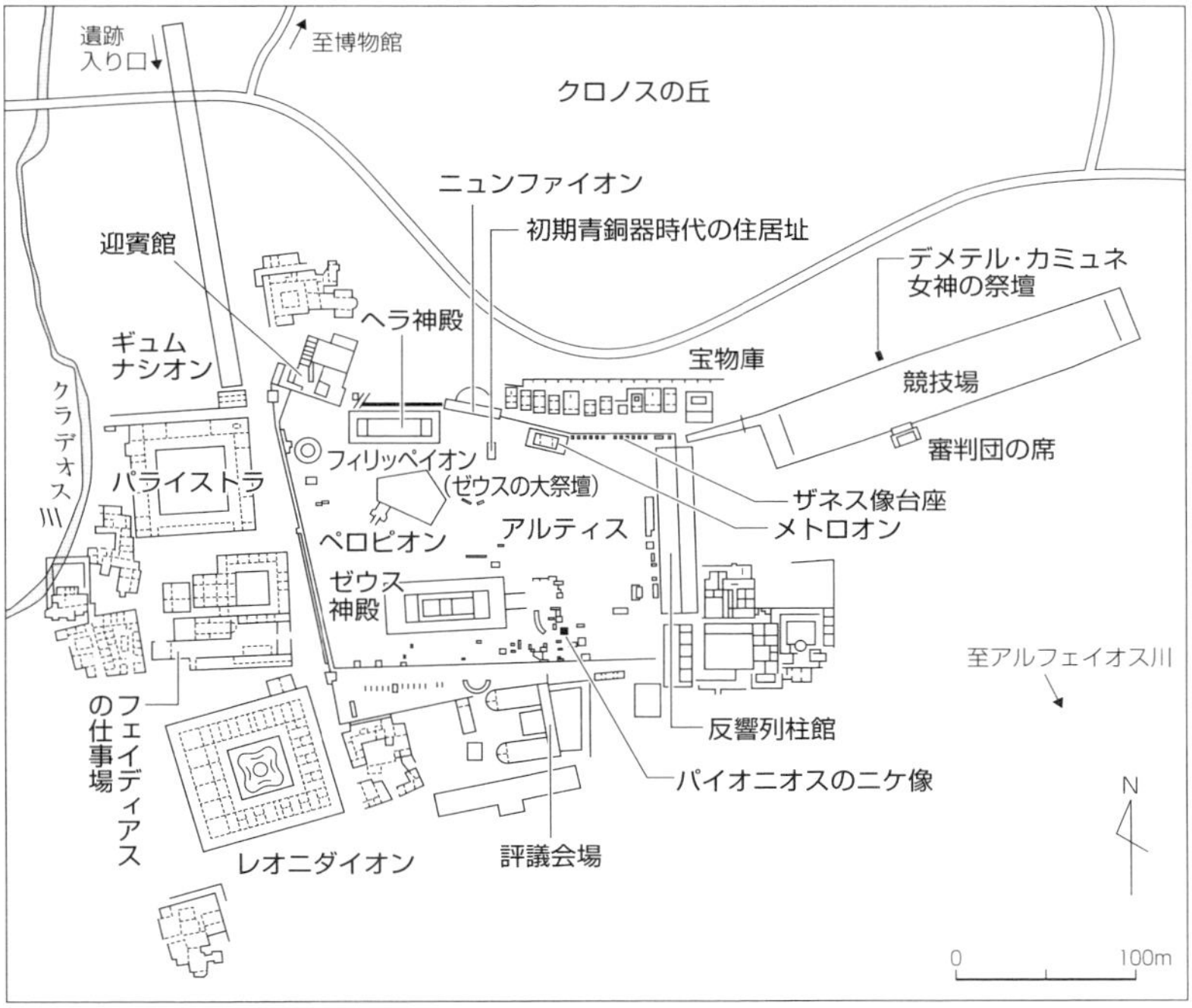

図2　オリンピア見取図

〔出典〕桜井万里子・橋場弦『古代オリンピック』岩波新書，2004

ラムの順序については異論も多い)。その年齢資格は一二～一八歳で、徒競走と格闘技の各種目にわたっておこなわれた。

また、初日には「ラッパ手」と「触れ役」のコンテストもおこなわれる(図3)。マイクもスピーカーもなかった当時であるから、出場者名や優勝者の勝ち名乗りを大きな声で呼ばわる役、またそれにラッパの演奏をつける役が必要で、この能力にもっとも優れた人がそれぞれ初日にコンテストで選ばれたのである。競技と役員選出の一石二鳥である。おそらく選手が台の上に乗り、ラッパの吹鳴や声がどれほど遠くの審判まで聞こえたかをはかることで勝者を決めたのであろう。壺絵には触れ役が

図3　ラッパ手(右端)**と触れ役**(右から２人目)　前４世紀の壺絵。

図４　触れ役　マンガの吹き出しのように「優勝はデュスネイケトスの馬」と書かれている。前６世紀の壺絵。

「優勝はデュスネイケトスの馬」と勝ち名乗りを宣告する姿が描かれている（図4）。ラッパ手は、触れ役のアナウンスや競技が始まる合図として、高らかにファンファーレを吹き鳴らした。この競技は前三九六年から正式種目に加えられた。

ちなみに、競技の様子の復元に際して今日もっとも有力な手がかりとなるのが、このような古代の壺絵である。一見拙《つたな》く描かれているように見える絵であっても、子細に分析すると、驚くほど正確に選手の姿勢や技が描き分けられていることがわかる。当時の人々が、一つ一つの技のすばらしさに目を奪われ、脳裡に焼きつけた場面を表象し、その場にいなかった人々にも伝えようと努力した熱意が感じられる。今日、スポーツ紙や雑誌、テレビやインターネットに運動競技の画像・動画が配信されるのと同様に、壺絵もそうしたメディアとしての役割をはたしたのであろう。古代の人々がいかにスポーツ観戦に熱中したかがよくわかる。なお、壺絵や彫刻など、当時の美術作品の観察にもとづいた各種競技のくわしい解説は、第3章を参照してほしい。

競馬競技

大会二日目には、日の出とともに各種の競馬競技がおこなわれる。競馬は、四頭立て・二頭立て戦車競走、および今日の競馬のような騎乗レースが主たる種目であった。鐙《あぶみ》と鞍《くら》がなかった当時にあって、裸馬にまたがる騎乗レースは危険でスピードが出せず、あまり迫力がなかった。対してもっとも人気があったのは、四頭立て戦車競走である(図5)。数十台の馬車が土煙を上げて競馬場を十二往復するという、極めてスリリングな競技であり、映画『ベン・ハー』のシーンでもよく知られている。ホメロス時代から人気が高い競技だったが、オリンピックにはじめて登場したのは前六八〇年であった。

競技に使われる戦車は、二輪の車輪と車軸の上におかれた床、その上に金属もしくは柳の枝でつくられた御者台からなる軽量の馬車である。これを操作する御者は奴隷もしくはプロであることが普通で、馬主本人が手綱をとることはめったにない。反時計回りに競馬場をめぐるので、右側に配された馬がより強靱な牽引力を求められる。何本もの手綱で馬の走りをバランスよく調整し、とくにスタートとターンの際に四頭の呼吸を合わせる御者の技能は、勝利獲得のための決定的要素であった。競馬場(ヒッポドロモス)は聖域の南にあったと推定されるが、遺跡はまだ発見されていない。

各戦車がスムーズなスタートを切るために、一種の発馬装置が考案されていた(図6)。これは仕切りで区切られた各ゲート内に戦車を収容して発馬させる仕掛けだが、ゲートの列は一直線ではなく、中央が進行方向に突き出した楔形に並んでいるのが特徴である。スタートに際しては、楔形の両端から順次内側に向かってゲートが開くしくみになっており、これはスタート時の混乱と衝突を避けるためらしい。戦車が群れをなして二つの折り返し標柱の間を往復する姿はまさに壮観で、純粋な競技というよりもむしろスペクタクルとして観客を楽しませる点に、他の競技にない魅力があった。

図5　四頭立て戦車　前5世紀の壺絵。

図6　オリンピアの発馬装置　楔形の前方にはポールに取り付けられた青銅製のイルカが，後方中央の祭壇には鷲の像がある。スタートの合図とともに，イルカが下がり鷲がせり上がる仕掛け。図は騎馬レースの様子を示す。
〔出典〕Miller, S. G., *Ancient Greek athletics*, 2004

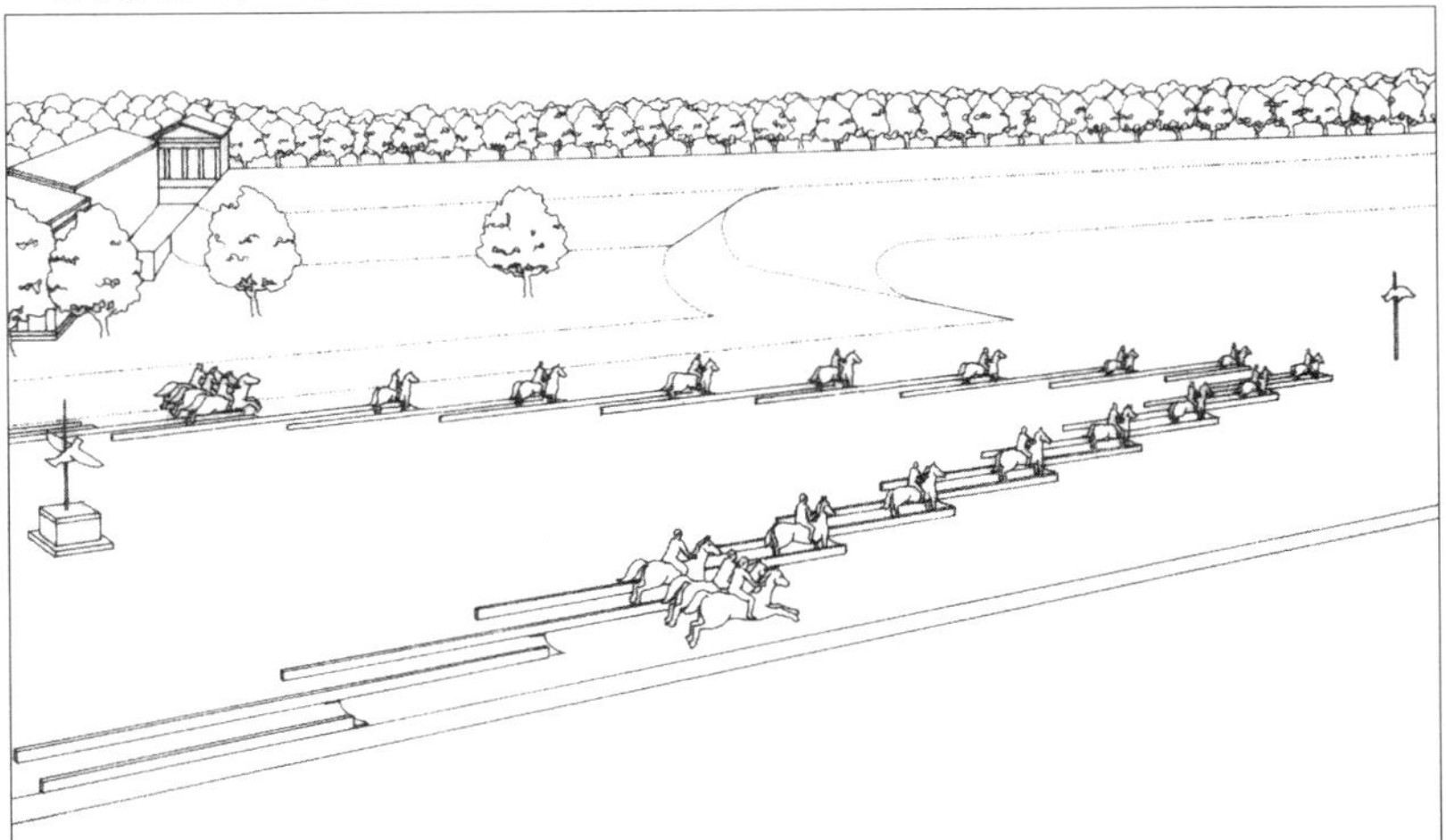

驚くのは、ここで優勝者としての名誉をえたのが、御者ではなく馬主であったということである。つまり馬術の技能ではなく、優れた馬をよく飼い養ったことに対する賞賛と栄誉を、馬主が受けたのであった。名馬の購入と飼育、御者やサポートチームの雇用には莫大な費用がかかることから、馬主には富裕者や貴族が多く、有力な政治家で優勝者に名を連ねる者も多かった。戦車競走には富と権力の誇示という側面があったのである。

古代五種競技

二日目の午後は競技場に移動して、いわゆる古代五種競技がおこなわれる。徒競走（スタディオン走）、円盤投げ（ディスコス）、幅跳び（ハルマ）、槍投げ（アコン）、レスリング（パレ）の順序でおこなわれる五種目の総合競技であるが、近代五種と違って得点制ではなく、どのように優勝者を決めたのかは、じつはよくわかっていない。一人が任意の三種に優勝すれば必然的に全体の優勝者になったであろうが、そうでない場合どのように総合優勝を決めたのか不明である。

五種のうち、徒競走とレスリングは独立した種目としてもおこなわれるが、円盤投げ、幅跳び、槍投げはこの五種競技のみで競われた。五種競技のみならず、競技場でおこなわれる種目はすべて、全裸でおこなわれた。

まず円盤投げは、ミュロン（前四八〇頃〜前四四五）の作とされる古典期の彫刻「円盤を投げる人」

であまりにも有名な種目である。近代の円盤投げ競技もこれに倣ったものだが、今日では身体を何回も回転させてその遠心力で円盤を飛ばすのに対し、古代では立ったままの姿勢からひざを屈伸し、体幹部をひねることで一気に投げたようである(第3章)。

円盤は青銅・鉄または石でできており(図7)、今日のものよりも若干大きく重かった。出土品は直径二〇～四〇センチくらい、重さは二～八キロと幅があるが、もちろん競技には同じ規格の円盤が用いられたはずである。投擲《とうてき》は、オリンピアでは三回おこなって最高値がその選手の記録となる。一回ごとにペグを使って自分の飛距離の印をつける選手の様子が、壺絵に描かれている(図8)。

円盤投げについては、ローマ時代の詩人オウィディウス(前四三～後一七)が伝える悲話がある。あるときアポロン神とその恋人であった美少年ヒュアキントス

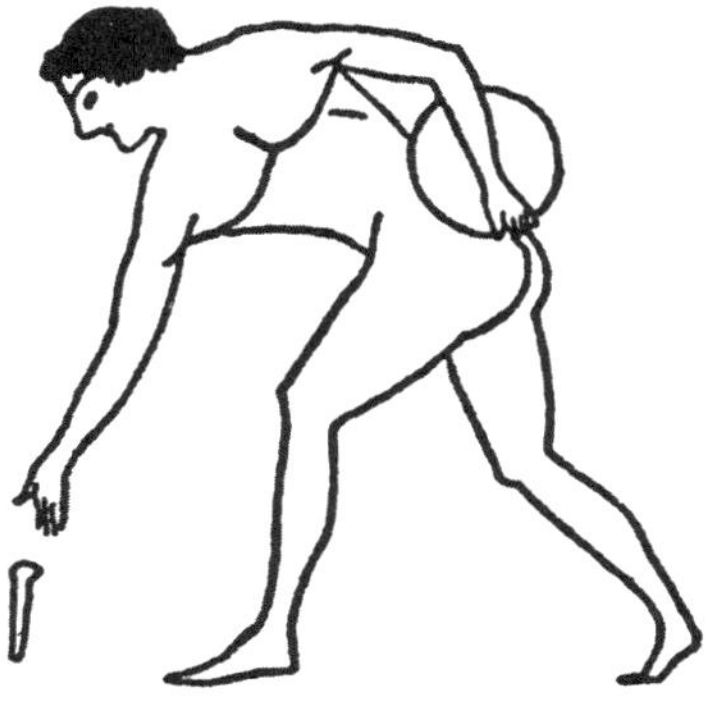

図8　到達点の印(ペグ)をつける円盤投げの選手

〔出典〕Finley, M. I., Pleket, H. W., *The Olympic games: the first thousand years*, 2005

図7　青銅製円盤　第255回大会(後241年)のもの。

が、円盤投げで遊んでいた。ところがアポロンの投げた円盤が誤ってヒュアキントスの頭に当たり、美少年は悲嘆に暮れるアポロンの腕のなかで死ぬ。彼の頭から流れ出た血は大地にそそぎ、そこから美しい花が咲く。その花を彼にちなんで、ヒュアキントス、すなわちヒヤシンスと呼ぶようになった、という通俗神話である。今日のように事故防止のためのネットやケージがなかった時代だから、見物人に円盤が当たって事故死するという悲劇が現に起こったのかもしれない。

次に幅跳びだが、その方法については、立ち幅跳び、走り幅跳び、三段跳びなどの学説が対立し、いまだ確かなことは解明されていない(第3章)。いずれにせよ壺絵にあるように、両手に一個二キロほどの石または金属製の錘《おもり》(ハルテル)をもち(図9・10)、それを振り子のようにスイングさせて反動をつけて跳ぶ、という奇妙な競技である。笛の伴奏がついていて、そのリズムに合わせて跳んだ。

幅跳びについては、前五世紀、南イタリアのクロトン出身のファユロスという選手が、約一六・五メートルを跳んだという超人的な記録が残されている。現代の男子走り幅跳びの世界記録ですら九メートルに満たないのだから、一回の立ち幅跳びの記録とは到底考えられない。三回ないし五回連続して跳んだ長さの合計ではないかという説もある一方、記録を誇張した後世の創作ではないかという意見も強い。

槍投げは、実戦用の槍より軽く、長さ一・九メートルほどの木の槍を遠くに投げる投擲競技で、基本は今日のそれとあまり変わらない。これも円盤投げ同様、五回の試技の最高距離を争う。今日と違

図９　一対のハルテル　石製で重さは各2kg ほど。前６～５世紀初頭。

図10　幅跳びの様子　前５世紀の壺絵。

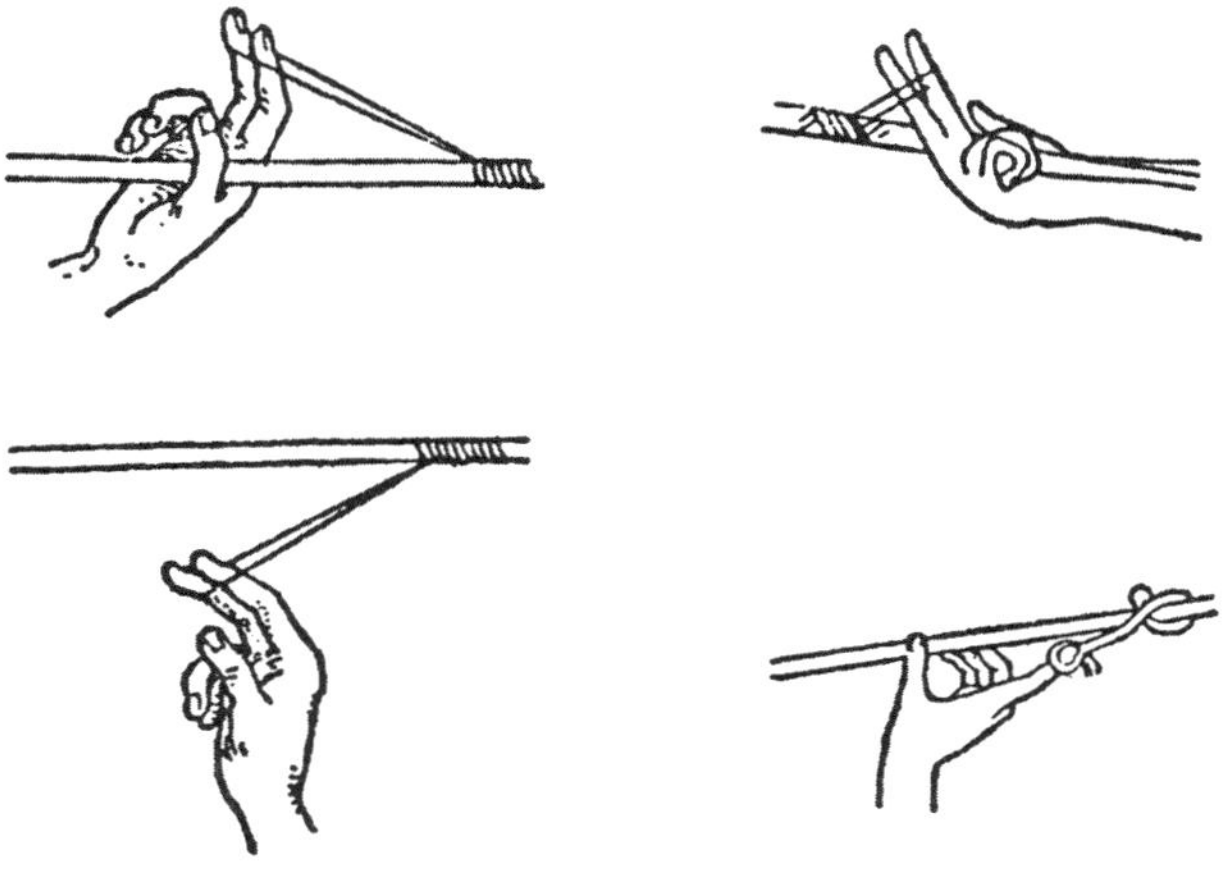

図11　アンキュレのさまざまな用い方

〔出典〕Finley, M. I., Pleket, H. W., *The Olympic games: the first thousand years*, 2005

図12　アンキュレを槍に巻き付ける選手　左足親指で革紐の端をおさえて巻き付けてゆく。前6世紀の壺絵。

図13　槍を保持する選手（中央）前5世紀の壺絵。

うのは、槍の中程、重心のある部分にアンキュレという革紐を巻き付け、そこにできたループに右手の中指と人差し指を引っかけて投げた点である(図11)。

ここでも壺絵の優れた描写が、投擲方法の復元に役立つ。革紐は槍に固着しているのではなく、一本の紐の両端をそろえ、輪になった部分を足の親指にとおして地面に固定し、そろえた他端から槍に巻き付けてゆくのである(図12)。投擲は助走からはいるが、その際選手は槍の柄を握るのではなく、右手の指をかけた革紐をピンと伸ばし、槍の先端を左手の指先で押さえることで槍を保持しながら走る。壺絵でしばしば槍投げの選手は、革紐にかけた右手を後ろに長く伸ばし、左手で槍先を押さえている姿に描かれるが、これは助走にはいる前に槍を保持している準備姿勢なのである

図14　ゼウス神殿と大祭壇の想像図

（図13）。投擲寸前に槍を肩の高さに持ち上げ、革紐の輪にかけた指を使って渾身の力をこめて投げる。革紐は、遠心力で槍に勢いをつけるとともに、ほどけながら回転を与えるので、ジャイロの原理によって槍はまっすぐ遠くに飛ぶ。紐は途中でほどけて落下するから、槍の飛行を妨げない。おそらく一〇〇メートル以上は飛んだであろうといわれる。今日の世界記録は九八メートルをこえる程度だから、これは（投擲方式に差はあるが）記録としてさほど現代と差はない。

大犠牲式

大会三日目の午前中には、すべてのプログラムのなかでもっとも重要な行事、すなわち主祭神ゼウスに捧げる宗教儀礼が執りおこなわれる。主催国エリスの役職者、ゼウス神官団、選手、コーチ、審判団、および各国からの祭礼使節たちが行列を組む。彼らはゼウスに捧げる一

図15　オリンピアのスタディオン

図16　古代のトラックで走る

〇〇頭の牛を連れ、金銀の什器をたずさえて、祭神ゼウスの神殿をぐるりと廻《まわ》って練り歩く。最後にゼウスの大祭壇に到達して、そこで牛を犠牲に捧げるのである。屠《ほふ》られた一〇〇頭もの雄牛は、大腿部の肉を祭壇の上で煙になるまで焼きつくす。残りの肉は観客に分配され、盛大に共食される。ゼウスの大祭壇は、大腿部を焼いてできた灰をアルフェイオス川の水で練り固めてつくった円錐形の土壇で、周囲三七メートル、高さ七メートル近くに達していたという。牛を焼いたときに立ちのぼる煙は、ゼウスを喜ばせると信じられていた(図14)。

徒競走

午後は、もっとも古くから続いてきた伝統競技である徒競走が、競技場でおこなわれる(図15)。徒競走は、短距離走であるスタディオン走(図17)が基本で、これは競技場の端から端までの直線一スタディオン、すなわち一九二メートルのトラックをひたすら走るスプリント競技である。トラックとそれを囲む観客席を含めた競技施設をも、スタディオンと呼んだ。スタジアムという言葉はここに由来する。スタディオン走はオリンピックそ

図17　スタディオン走　前6世紀の壺絵。

のものを代表する競技ともいえ、先述のオリンピアード紀年法では、「誰それがスタディオンで優勝した年」という言い方もあった（なお、競技施設としてのスタディオンについて、くわしくは第3章を参照のこと）。

今日でも競技場のスタート地点には、三〇メートルほどの長さのスターティング・ブロックが残っている（一三七頁、図23）。選手は、ここに一〇～二〇センチの間隔で刻まれた二本の溝に両足のつま先をかけ、立ったまま両腕を肩の高さに上げて前に伸ばし、やや前傾姿勢でスタートの合図を待った。オリンピア出土の小さなブロンズ像（一三七頁、図21）がその姿勢をよくあらわしているとされる。

五種競技などのフィールド競技同様、トラックでも選手は全裸で競技した。一回にスタートできるのはおそらく二〇人ほどで、フライングした選手は審判によって厳しく鞭で打たれる。ちなみに「位置について」の号令は

「ポダ・パラ・ポダ（足をもう片方の足のそばへ）」、「スタート！」のそれは「アピテ！」という。

徒競走は、短距離走であるスタディオン走のほかにも、トラックを一往復する中距離走（ディアウロス）、十二往復する長距離走（ドリコス）、そして重装歩兵の兜《かぶと》と脛あて、および丸盾を身につけて一往復する武装競走（ホプリトドロモス）があった。武装競走は唯一、同時代の実際の軍事技術と深く関わる競技で、盾は八キロ、兜は一・二キロあったとされるから、相当過酷なレースである。これらの種目についてのくわしい解説は、第3章に譲ろう。競走の勝者は、他の競技同様、触れ役によって出身国と名前を高らかに宣告され、勝利の印にリボン（タイニア）を頭に巻き付けてもらい、シュロの葉枝を受け取る。そして歓呼をあびながら競技場を一周する。観衆は花やリボンを優勝者に投げて祝福する。今日の大会でも目にするビクトリー・ランである。これは他の競技種目でもおこなわれた。その様子は、当時の彫刻や壺絵によく描かれている。

競争に勝つことを無上の名誉と心得ていたギリシア人にとって、オリンピックでのビクトリー・ランにまさる恍惚の瞬間はなかった。前四四八年大会でロドス島出身の二人の兄弟が、それぞれ後述するボクシングとパンクラティオンで優勝し、二人一緒に競技場を一周した。まれにみる祝福の熱狂が彼らを包んだ。兄弟は観衆のなかにわが父を見出し、彼を連れ出して親子ともども場内をパレードした。なんとその父も、これまたオリンピックのかつての優勝者だったのだ。人の世にこれほどの栄誉がほかにあろうか。その時観客の一人が立ち上がり、父に向かってこう叫んだという。「死ぬなら今だ。これ以上幸福な瞬間は二度とあるまい」。

なお、今日大会の花とされるマラソン競技は、古代ギリシアの故事に由来する競技であるが、にもかかわらず古代オリンピックには存在しなかった。前四九〇年のマラトンの合戦後、伝令フェイディッピデス（フィリッピデス）が勝利の知らせをマラトンから一刻も休まず走破してアテナイ市内に伝え、絶命したという伝説がある。これをもとにクーベルタンは、実際にマラトンからアテネまでを走る長距離競走を第一回アテネ大会から始めた（第5章）。ところがこの伝説は、ローマ時代の文献にはじめて登場する話で、前五世紀半ばの歴史家ヘロドトス（前四八四頃〜前四二五頃）はこの美談をいっさい伝えていない。だからマラソン競技は、古代オリンピックに存在しなかったのみならず、その発祥伝説も後世創作されたフィクションといわざるをえないのである。

格闘技

四日目には格闘技がおこなわれる。レスリング、ボクシング、そしてパンクラティオンの三種。いずれもトーナメント方式で、トラック外の競技場の地面を掘り返してつくったスカンマと呼ばれるリングでおこなわれた。レスリング（パレ、図18）は、要するに対戦相手の肩・背中、もしくは両膝を地面につける、すなわちフォールすると一本勝ちとなり、三本先取したほうが勝者となる、という競技である。

競技会史上もっとも有名なレスリング・チャンピオンは、クロトンのミロンという怪力男だった。前五四〇年および前五三二〜前五一六年の計六回、オリンピックでの優勝をさらい、四大競技祭全体では通算三二回優勝したという。前五二〇年のオリンピックでは、彼に挑戦するほどの勇気の持ち主があらわれなかった。ところが不戦勝で勝ち名乗りを受けようと彼が進み出たとき、どうしたものか足を滑らせて背中から転倒してしまった。これを見た観衆は、自分からフォールしたのだから優勝は取り消しだと叫んだ。そのときミロンは立ち上がって、こういいはなったという。「私は一度しか倒れていないから、三度目のフォールではない。誰かあと二回、私を投げ飛ばしてみせるがいい」。

　ボクシング（ピュクス）は、相手が戦闘意欲を喪失するまでひたすらパンチの応酬をするもので、人差し指を立てて「ギブアップ」という合図をするまで勝負はつかなかった。ボクサーは拳に牛革紐のバンデージを巻いた。前四世紀には前腕全体をおおう、強固なものに改良され、相手により大きな打撃を与えることができるようになった（図19）。パンチを受けて鼻血を出しているボクサーの壺絵もある（図20）。

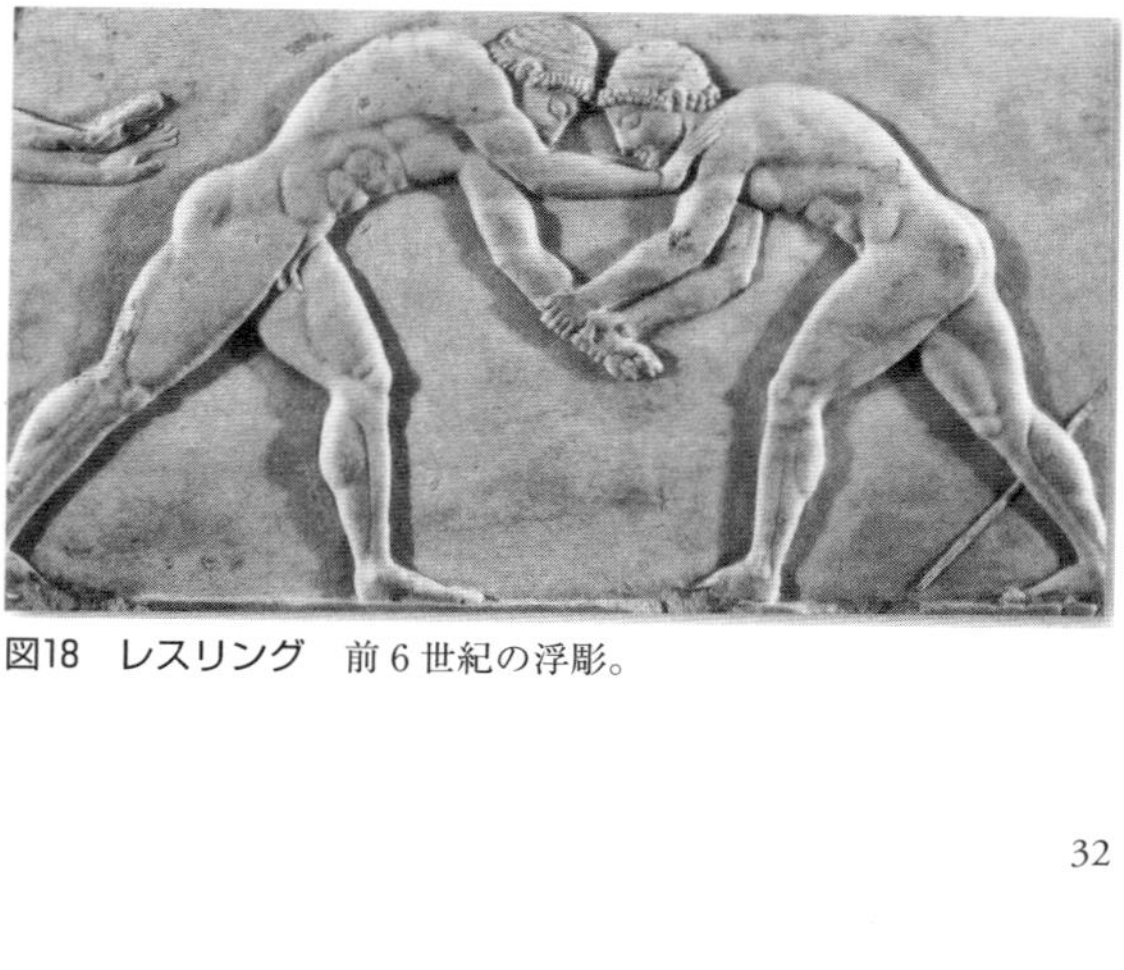
図18　レスリング　前６世紀の浮彫。

そしてパンクラティオンは、嚙み付きと目潰しが禁じ手である以外、パンチ、キック、投げ技、絞め技、なんでもありの総合格闘競技で、これまた相手が戦意を喪失して「ギブアップ」の合図をするまで戦いが続く。死ぬまで競技をやめなかった事例もある。フィガレイアのアラキオンは、前五七二年と前五六八年の二回にわたって優勝し、さらに前五六四年大会で三度目に挑んだ。対戦相手は明らかに殺意をもってアラキオンの首を腕で絞め上げ、同時に股間に足を巻き付けて強烈な絞め技をかけた。しかし彼は屈せず、相手が力をゆるめた瞬間に反撃に転じ、膝で相手の足を絞めたまま渾身の力を振り絞って投げ飛ばした。その投げ技はあまりに強く、相手のくるぶしは付け根からよじれてしまうほどだったという。そこで相手はギブアップの合図を出したが、アラキオンは勝利と同時に落命。勝利の冠は亡骸《なきがら》の頭にかぶせられたという。このように試合の一挙手一投足まで伝承され

図20　鼻血を出すボクシング選手（左）
前 6 世紀の壺絵。

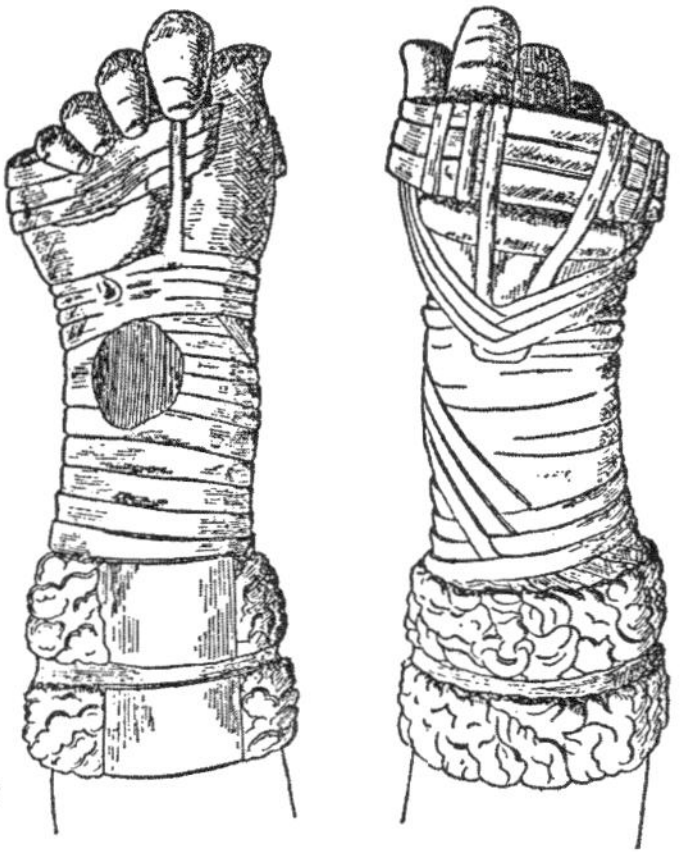

図19　ボクシングのバンデージ
〔出 典〕Finley, M. I., Pleket, H. W., *The Olympic games: the first thousand years*, 2005

ているということは、もとより誇張もあろうが、それ以上に古代の観客が息をのんで競技の一部始終を見守っていたことの証左であろう。

表彰式

以上で競技はすべて終了し、最終日の五日目には表彰式のみがおこなわれる。優勝者はリボンとシュロの葉枝をたずさえてゼウス神殿の前に集合し、大勢の観客が歓呼するなかで、一人一人触れ役によって出身国と名前を読みあげられ、しかるのちに審判から優勝者賞としてオリーブの若枝で編んだ冠をかぶせてもらう。このオリーブはゼウス神殿の背後に自生する神木から、両親存命の少年が黄金の鎌を使って刈り取ったものである。正式な賞品はこの冠だけで、金メダルのような金目のものはいっさいない。金銭的な価値はなくとも、全ギリシア世界での勝者を称える、無上の栄誉のシンボルだったのである。冠は事前にヘラ神殿内に展示され、受け取った優勝者は故国に持ち帰り披露するのがつねであった。

表彰されるのは一等だけで、二等賞・三等賞のたぐいはいっさいなかった。オリンピックの勝者とは一等賞をとった者のみを指すのであり、二番目以降はおしなべて敗者であった。これもまた、他の競技祭に比べてオリンピックがより高い格式を認められていたゆえんであった。

表彰式が終わると、優勝者たちは迎賓館(プリュタネイオン)にまねかれて公式の晩餐会に参加する。

親族・友人などサポーターたちも、優勝者をたたえてそれぞれに祝勝会を開き、夜まで宴会を楽しんだ。これで大会のすべての日程は終わり、人々は故国への帰路についたのである。

古代ギリシア世界の人々は、このように四年に一度だけ、オリンピアでしか体験することのできないスペクタクルを、非日常的な時間の流れる五日間にわたり存分に味わった。オリンピックはゼウスに捧げる聖なる祭典であるとともに、大勢の人々が集まって競技を観戦し、また犠牲に捧げられた動物の肉を分け合って飲み食いする楽しみの場であり、自国にいては見聞きできないさまざまな人や物を目の当たりにする機会でもあったのである。

何のためのオリンピックか?

古代ギリシア人は、なぜこのように運動競技が好きだったのか。何のためにこのようなことを熱心におこなったのか。オリンピックには、彼らにとってどのような意義があったのだろうか。

まず思い浮かぶのは、こうした運動競技が軍事を目的としたものではないか、ということである。哲学者ヘラクレイトスが「戦いは万物の父」と述べたように、軍事はポリス市民にとって最重要の関心事である。戦争に負けてポリスが滅べば、最悪の場合、成年男子は皆殺し、婦女子は奴隷に売られるという過酷な運命をたどる。つね日頃から市民たちが体育場で身体を鍛えていたのは、軍事訓練のためだったとしても不思議はない。

だが、オリンピックはけっして軍事に奉仕する催しではなかった。

古代ギリシアにおける最強の軍事大国といえば、スパルタであった。軍事が他のあらゆる国民生活に優先される、特殊な軍国主義の国スパルタの重装歩兵軍は、他国をはるかに凌駕する強さを誇り、前四世紀半ばにいたるまで、その最強の陸軍国としての地位がゆらぐことはなかった。では古代オリンピックの優勝を、すべてスパルタの選手がさらっていったかというと、かならずしもそうではない。ギリシアの歴史家たちは、前四〇〇年頃から、歴代オリンピック優勝者のリストを第一回大会に遡って編纂するようになる。それを見ると、表3に示したように、じつにさまざまなポリス出身の選手が優勝していることがわかる。もちろんスパルタ人も多くの大会で優勝しているが、けっして彼らの独壇場とまではいえない。

もし毎回の大会ですべての優勝がスパルタにさらわれてしまったら、おそらく古代オリンピックは人々に飽きられ、見捨てられたに違いない。

それればかりではない。オリンピック各種目をよく調べてみると、実際の戦闘に役立つものはほとんどない。大会の花であった戦車競走は、「戦車」という名称に反して、戦闘には何の役にも立たなかった。たしかにホメロスの描く英雄時代には四頭立て戦車が実戦に用いられていたこともあっただろうが、古代オリンピックが始まった前八世紀以降、兵器としての戦車はすっかり廃れていた。前六世紀からは重装歩兵の密集戦法が主たる戦法となり、馬ないし騎兵はあくまで補助兵力として用いられ

表3　各種競技初優勝者と出身国

競技種目	大会・年代(BC)	選手	出身国
スタディオン走	第1回(776)	コロイボス	エリス
スタディオン走・ディアウロス走(同日優勝)	第22回(692)	パンタクレス	アテナイ
五種競技少年の部	第38回(628)	エウテリダス	スパルタ
ボクシング少年の部	第41回(616)	フィリュタス	シュバリス
武装競走	第65回(520)	デマラトス	ヘライア
二頭立て戦車競走	第93回(408)	エウアゴラス	エリス
子馬戦車競走	第99回(384)	エウリュビアデス	スパルタ

ていたにすぎないのである。

円盤投げも同様であった。敵に向かって石や鉛塊を投擲する攻撃法はあったものの、あのような大きな円盤を投げ合う戦法などあるはずもなく、実戦には役立たない。槍投げは比較的実戦に関係の深い種目だが、武器としての投げ槍は補助兵力にしか用いられない。主力である重装歩兵は二メートルほどの重い槍を主たる武器としたが、これは投げ槍ではなく、あくまでたずさえて刺突兵器として用いた。そもそも槍投げ競技は飛距離のみを競うもので、的当てを競うものではない。

もっと実戦に関わりがありそうな種目は武装競走であるが、これにしても実際の重装歩兵戦術に応用できるとは考えられない。なぜなら、重装歩兵の密集戦法の要《かなめ》は、兵士がたがいに肩がふれあうほど密集し、めいめい楯で自分と隣の兵士の身体を守りながら、陣形をくずさず突撃する点にあったからである。他人と競うように一人で突進しては、本人が敵の餌食になるばかりか、陣形をくずしてしまい味方の敗北をまねいたことだろう。もっとも、重い武具を身にまとって長時間戦えるだけの体力を養うという点で、武装競走は軍事的に何らかのメリットがあったかもしれないが、足の速さはやはり実践に応用できるものではない。

そもそもスポーツは、兵士にとって有害であるという意見すらあった。前二世紀のアカイア連邦の将軍フィロポイメンは、運動選手が大量の食物と長時間の睡眠をむさぼるばかりで戦場では無益であるとみなし、すべての運動競技を自軍の幕営から追放したという。軍事の専門家からみると、スポーツは武芸とは似て非なるものだった。

したがって、オリンピックは軍事的鍛錬を目的としたものではなかったのである。

勝利の報酬

そこで次に考えられるのは、オリンピックに参加する選手が、じつは富や権力といった現世的な利益を目当てにしていたのではないか、ということである。

さきに述べたように、オリンピックの優勝者に授けられる賞品は、オリーブの冠ただ一つだった。にもかかわらず、オリンピック優勝者が、故国に凱旋したあとで富や権力に恵まれたこともまた事実であった。

現代と同様に古代でも、自国からオリンピックの優勝者が出たということは、その国家の市民全体にとって無上の名誉であった。優勝者が故国のポリスに凱旋する際には、市民たちの熱狂的な歓呼をあびながら市内に入場する凱旋式が盛大に催された。優勝者が城門をくぐるときには、城壁の一部をわざと破壊する儀式が執りおこなわれたという。彼が市内にはいると、城壁はただちに修復される。なぜこのような不思議なことをしたのだろうか。宗教史学者の解釈によれば、オリンピック優勝者には常人にない超自然的な力が神々から授けられていると信じられており、この一見奇妙な儀式には、その呪術的な力を城壁内に封じ込めて外に逃がさないという象徴的意味があったという。オーラのような目に見えないこの力を、「キュドス」と呼ぶ。それは本人のみならず、親族・近隣そして祖国全体に幸いをもたらすとされ、人々は争ってそのおこぼれにあずかろうとしたのである。

歴史家ディオドロスが伝える話に次のようなものがある(『世界史』第一二巻九章五—六節)。前六世紀、南イタリアのギリシア人植民市クロトンとシュバリスが戦争したとき、明らかにクロトンが劣勢であったが、先述したオリンピック優勝者であるクロトンのミロンが、優勝者の冠をかぶって獅子奮迅の活躍をし、ただ一人で敵を撃退したという。オリンピック優勝者が戦場で超人的な働きをしたという伝承はほかにもあり、軍司令官や植民遠征の指揮官に好んで選ばれたりもした。

こうして凱旋した優勝者には、その見えない力のゆえに、有形無形のさまざまな特典が与えられた。例えばアテナイでは、法律の定めにより、オリンピック優勝者に五〇〇ドラクマ、イストミア祭のそれには一〇〇ドラクマが、それぞれ報奨金として与えられた。ちなみに一ドラクマといえば、当時の熟練建設作業員の日当額に相当し、一家四人が二日間はこれで楽に生活できた。また当時の中流市民の平均資産額が二五〇〇ドラクマだというから、五〇〇ドラクマの報奨金は、平均的な市民の年収相当額かそれ以上、ということになろう。さらに、これもアテナイを例にとると、オリンピックをはじめとする四大競技祭での優勝者は、市の迎賓館（プリュタネイオン）で公費によって終身、食事に招かれるという栄典を授けられた。のみならず、とくに戦車競技の優勝者は、それを足掛かりに政治家としての地位をいっそう確たるものにする、ということがしばしばあった。今日、オリンピックのメダリストが国会議員になるのと似た現象である。オリンピックの優勝がもたらすキュドスは、このように経済的利益のみならず、政治的影響力をももたらした。

アスリートが手にするもの

オリンピックの賞品は、聖なるオリーブの冠だけである。しかし逆説的だが、もともと運動競技の賞品として金目のものを与えることは、むしろギリシア人古来の伝統であった（図21）。

英語のアスリート（athlete）は、古典ギリシア語のアトレテス（athletes）を語源とする。アトレテスもやはり一般に運動選手を意味したが、本来は「賞品（アトロン athlon）を賭けて争う者」が語義である。つまり競技会の引き出物としてさまざまな豪華賞品を主催者側が示し、それをえるために技を競い合うのが本来のアスリートだったのである。ホメロスの叙事詩『イリアス』（第二三歌）は、英雄たちが参加する運動競技の勝者に、豪華な賞品の数々が贈られる様子を描く。青銅製の三脚釜、銀製の混酒器、駿馬、武具、手芸に秀でた女奴隷、そして、黄金そのもの。ここで重要なのは、こうした賞品が競技の始まる前に一同の眼前で披露され、文字どおりそれを目当てに英雄たちが争ったことである。

現にオリンピック以外の運動競技祭では、冠のようなシンボリックな賞品ではなく、明らかに金銭的価値をもった賞品を与える場合があった。アテナイの国家祭典パンアテナイア祭がその典型で、運動競技と競馬競技の優勝者には、美しい絵付けの大きなアンフォラ(両手壺、図22)に詰めた高級オリーブ油が、大量に与えられた。例えば戦車競走の優勝者には、アンフォラ一四〇荷分が与えられる(一荷の容量は三五〜三九リットルほど)。前四世紀半ばには、一度の大祭で授与されたオリーブ油が合計一二〇〇〜一四〇〇荷、すなわち八万リットルをこえたという。授与された優勝者は、当然これだけの量のオリーブ油を故国に持ち帰れるはずもなく、たいていはこれを換金したであろう。賞品の授受は、もはや国際交易といってよい規模に達していたのである。

このように、本来ギリシアの運動競技祭に金目の賞品はつきものであった。四大競技祭は冠だけを賞品として与える「冠競技祭(アゴネス・ステファニカイ)」と呼ばれていたが、他方で金目の賞品を与える「金品競技祭(アゴネス・クレマティカイ)」の数も多かった。とくにヘレニズム時代・ローマ時代になると、下層階級出身の選手の参加が多くなり、それにともなって金品競技祭の数も飛躍的に増大する。しかも貴金属・オリーブ油・穀物のような現物よりも、そのものずばりの現金を与える競技会がふえていった。近代ではクーベルタンが提唱するスポーツ・アマチュアリズムの観点から、こうしたヘレニズム時代・ローマ時代の現象はスポーツの堕落衰退現象と解釈された。しかし、古代の運動競技祭の優勝者と経済的価値や政治的権力との切り離せない関係は、むしろ運動競技のそもそものはじまりから存在したといえるだろう。

栄誉をかけたオリンピック

にもかかわらず、オリンピックはオリーブの冠だけを勝者に与え続けた。そして、パンアテナイア祭のような他の運動競技祭とは比べものにならない権威と人気を保ち続けたのである。これは、商業利益と無縁の名誉をめぐって争うからこそ、人々がオリーブの冠という賞品にかけがえのない価値を認めた、ということではないか。

たしかにオリンピックは、結果として優勝者に世俗的利益を与えたが、それはあくまで副次的な効果であり、それだけが目当てで人々がオリンピックに集まったわけではなかった。

ギリシア人自身、金銭でははかれない価値をかけて争うオリンピックに、民族の誇りを感じていた。歴史家ヘロドトスは次のようなエピソードを伝える。前四八〇年夏、アケメネス朝の大軍が怒濤のように北部からギリシア諸国に押し寄せてきた。ペルシア戦争の一大決戦の火蓋が切られようとしていた夏である。ところがちょうどこの年は、第七五回オリンピック大会の開催年にあたっていた。驚くべきことに、ペルシアの大軍がギリシア本土に陸海から襲いかかろうとしていたまさにそのとき、ギ

図21　アテナイ人選手が獲得した各競技大会の賞品　左からパンアテナイア祭のオリーブ油を入れたアンフォラ，イストミア祭の松の冠，アルゴスのアスピス祭の楯，ネメア祭の生セロリの冠。後１世紀の碑文。

図22　パンアテナイア祭のアンフォラ
前490年頃。

リシア人たちはオリンピックを例のごとくに挙行しようとしていたのである。それを聞いてあきれたペルシア人貴族が、ギリシア人は何を目当てに競技するのか、と問う。それがオリーブの冠にすぎないことを知った彼らは、金品ではなく栄誉をかけて戦うギリシア人とは、なんと恐るべき民族であるかと驚嘆した、という(『歴史』第八巻二六章)。ヘロドトスの『歴史』が伝えるこの挿話は、もとよりギリシア人の自意識が色濃く反映した話ではあるが、オリンピックというものが金銭ではなく名誉をかけておこなうものだという、彼らの自負心をも物語るといえるだろう。

葬送儀礼としての運動競技

これは古代の人々が、オリンピックに世俗をこえた、聖なる価値を見出していたことの証拠であるともいえる。ゼウス神の前で競い合い、えた勝利は、目にこそ見えぬが無上の名誉であった。そうだとすれば、それは宗教儀礼としての側面と深い関係があると考えねばならない。

私たち日本人の感覚からすると奇妙に思われるかもしれないが、古代ギリシア人は、運動競技が神々だけではなく、死者の霊をも慰めるものと考えていた。つまり人の葬儀に際して、運動競技をさかんに催したのである。もっとも有名な例として、さきほども言及した『イリアス』における葬礼競技の場面がある。主人公アキレウスは戦死した親友パトロクロスのために盛大な葬儀を営む。薪を積み上げて火葬壇を築き、そこに友の亡骸を横たえて火葬したアキレウスは、遺骨を黄金の骨壺におさめたあと、葬儀に参列した戦友たちに運動競技会を開くから参加してくれと呼びかける。競技種目は、戦車競走、ボクシング、レスリング、徒競走、武装競技、鉄塊の投擲競技、弓矢、そして槍投げ(図23)である。

この場面はアキレウスが親友の死を嘆く、悲しい場面なのであるが、その死者を悼む心の表れとして運動会を盛大に開くというのは、われわれにはちょっと理解に手間取ることかもしれない。現代の学者たちもこれをさまざまに解釈しているが、ギリシア人にとって葬儀に際し運動競技会を催すことは、日本的な言い方をすれば、死者の供養になる、ということだったのであろう。アキレウスは、老いて競技に参加できぬ長老ネストルに取っ手の二つついた鍋を贈り、それを戦友パトロクロスの記念として大事にしてほしい、と告げる(ホメロス『イリアス』第二三歌六一二―六二三行)。つまり、葬礼競技は死者の鎮魂と記念のためにあるのであって、競技自体は

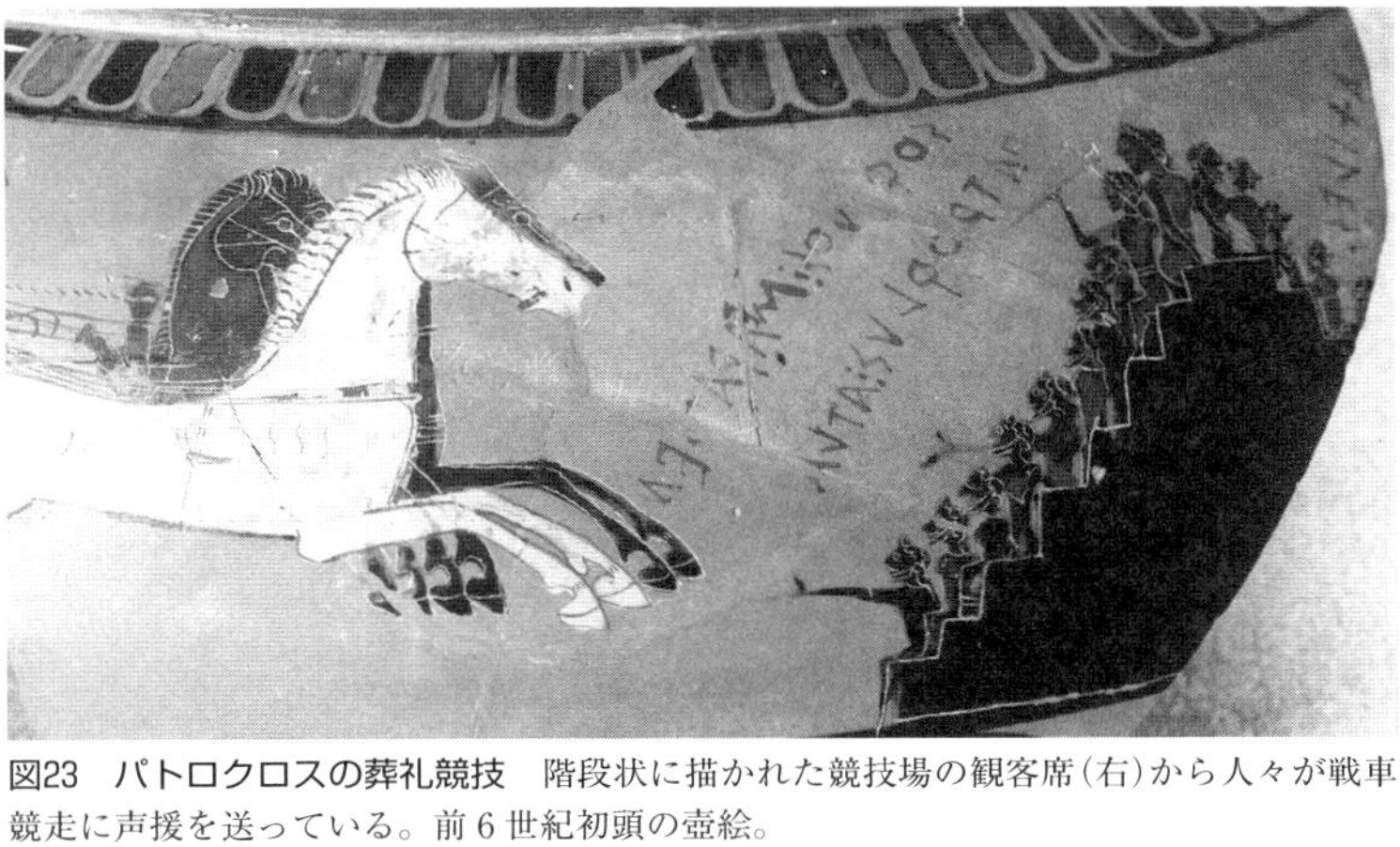

図23　パトロクロスの葬礼競技　階段状に描かれた競技場の観客席(右)から人々が戦車競走に声援を送っている。前6世紀初頭の壺絵。

人々を楽しませるものではあるが、やはり弔いの一環であった。

現に、四大競技祭のなかには、葬礼競技がその発祥であるとの伝承をもつものがある。ネメア祭は、ネメア王リュクルゴスの子オフレテスが野生のセロリを布いた上に寝かされているうちに毒蛇に嚙まれて死に、その死を悼んで営んだ葬礼競技が始まりだと伝えられる。ゆえにネメア祭の賞品は、生セロリの冠であった。また伝説によれば、オルコメノス王アタマスの子メリケルテスは、母に抱かれて断崖から海に落ち溺死した。その亡骸がイルカによってコリントスに運ばれ、埋葬にあたって葬礼競技をおこなったのが、イストミア祭の起源であるという。そしてほかならぬオリンピックは、ピサとエリスの王であり、ペロポネソス半島の名の由来ともなった英雄ペロプスに捧げた葬礼競技がその始まりだと神話は語るのである。

このように運動競技は、神々や英雄の霊を慰める儀礼がその核にある。しかし、さらに考えてみると、神霊を慰める目的というだけでは、ギリシア人の運動競技好きを最後まで説明したことにはならない。なぜなら、彼らは神々を人間と同じ感情や思考をもつ存在ととらえており、人間が喜ぶものなら神々も喜ぶだろう、と考えていたからである。ましてやかつては生きていた人間である死者が、それを喜ばぬはずはない。ではなぜ人間は、すなわちギリシア人は、運動競技が好きなのか。

競争の文化

そこで行き着くのは、運動競技にかぎらず、古代ギリシア人が、競争やコンテストのたぐいをこのうえなく愛好する人々だったという事実である。

彼らにとって、運動のみならず、合唱・演劇・弁論・音楽、場合によっては政治や裁判も、すべて二組ないしはそれ以上の当事者が、優秀性を競い合うコンテストの場であった。今日古典として残されているギリシア悲劇や喜劇の数々も、アテナイで年に何度かおこなわれる演劇祭のコンテストで優勝した作品である。政治の場面でも、国制の最高議決機関である民会では、より優れた提案演説をした政治家に人々が投票し、最多得票の決議案が正式に国策として可決されたのだから、これもまたコンテストの一形式であった。裁判も、原告被告双方が、等分の時間をかけて、たがいを論難し自分を弁護する弁論を戦わせ、最後にどちらの言い分が正しいかを、裁判員の投票で決めるという、一つのコンテストであった。学問も、真理をめざしてたがいに議論を交わす知的な競争であるともいえる。考えてみれば、小国分立状態にあるギリシア世界の国際政治そのものが、覇権をかけての都市国家間の競争とみなすこともできよう。

このような競争やコンテストを、ギリシア語で「アゴン」と呼ぶ。ギリシア文化は、あらゆる側面で競争に規定されたアゴン文化であった。全ギリシア世界から人が集まって競い合うオリンピックは、古代ギリシア人にとって最大の競争の場であったということができる。あえていうならば、競い合うことそのものに古代ギリシア人が価値を見出したからこそ、オリンピックは誕生したのであった。

裸体競技の由来

では、単に肉体の優秀性を競い合うことだけが、オリンピックの意味であったのだろうか。あれほど複雑に儀礼とシンボルの体系を発達させた古代オリンピックの背後には、もう少し深い意義があったようにも思われる。そこにギリシア人固有の人間観や社会観を読み取ることはできないだろうか。

そこで考え合わせたいのは、オリンピックでなぜ選手たちが裸体で競技したのか、という問題である。これは古典学者たちが古くから議論してきた問いであるが、いまだにはっきりした解答はえられていない。ギリシア人自身も、裸体競技の由来についてはよくわからなかったらしく、さまざまな言い伝えを残しているが、どれも後世の創作であろう。

しかし、オリンピックでなぜ選手が裸体になったか、裏を返せばなぜ着衣で競技しなかったか、という問いに話をかぎるなら、少なくとも次のようなことがいえる。すなわち、ひとたび裸になって競技の場に立てば、その選手が金持ちか貧乏か、出自が貴族なのか平民なのか、要するにその人の貧富貴賤が、審判や観客にはまったくわからなくなるということである。つまりギリシア人は、競争を愛するがゆえにこそ、競技の技能や力量以外の条件で勝負が判定されることを、厳しく排除しようとしたのではないだろうか。

富裕者や貴族をもし特別扱いしてしまったら、競争を純粋に愛する立場からみれば、それはすでに競争ではない。貧富貴賤にかかわらず、全員が同じスタートラインに並ぶからこそ、競技は競技たりえる。競争好きであるがゆえに、彼らは平等の条件にこだわった。言い方を変えれば、これほど競争が好きだった古代ギリシア人の考え方の背後には、自由人である以上、人間は本来すべて対等の関係にあるという前提があった。

理想の人間像とは

たがいに対等な関係とは、裏を返せば、めいめいが誰の支配も受けないことを意味する。ギリシア人にとって、身体を他人に制約されず自分の意思のままに用いることは、自由人のあかしであった。逆に奴隷は、身体を他人に所有され酷使されるからこそ、奴隷なのである。だから自由人身分、あるいはポリスの正規メンバーシップである市民権というものは、自分の身体を自由に支配している状態とも定義できた。その意味でギリシア人の自由とは、単なる法律上の概念ではなく、ある種の身体性をともなうものでもあった。

アテナイの弁論家アイスキネス(前三九〇頃~前三一五頃)による法廷弁論『ティマルコス弾劾』は、市民でありながら金銭目当てに他人に自分の肉体を売った(つまり男娼行為をおこなった)被告の行為に対する激しい非難の言説で全篇が貫かれている。アイスキネスによれば、男娼行為、つまり金銭と引き換えに他人に自分の肉体を支配されるということは、自由な市民としての資格を剝奪されるに値する罪である。それはほかならぬアテナイの法律が定めている。自分の肉体を売るような人間は、国益をも敵に売りわたすだろう。彼はいう。「自分の肉体への凌辱を金で売った男が、どうして金で売らないものがあるでしょうか？」（第一八八節、木曽明子訳）。同性愛一般は罪悪視されなかったギリシア人の世界でも、金銭目的にそれをおこなう行為は、自分の身体に対する罪であるがゆえに、自由人身分にふさわしからざる行為とみなされたのである。

これと表裏一体の関係にあるのは、各ポリスにあった体育場（ギュムナシオン）が、自由人の集まる場とされていた事実である。ギリシア風都市国家に固有の施設であった体育場は、肉体鍛錬の場であるばかりではなく、自由人にふさわしい徳育の場ととらえられ、現にプラトンの対話篇ではソクラテス（前四六九頃～前三九九）がここを好んで教育の場に用いている（図24）。体育は、理想の自由人・ポリス市民を育成する役割を負っている点で、今日の体育以上の意義を与えられていた。

体育場は国家によって管理される国有施設ではあるが、市民占有の施設というわけでもなかったらしい。実際外国人の体育教師も出入りしており、体育場が市民以外の自由人にも開放される傾向は、ヘレニズム時代にはいってより強まった。他方、奴隷身分の者は体育場への出入りを禁じられた。マケドニアの都市ベロイアで前一八〇年頃制定された法律に、次のような規定がある。

体育場にあずかる権利を認められぬ者たちについて。以下の者は体育場に立ち入ってはならない。

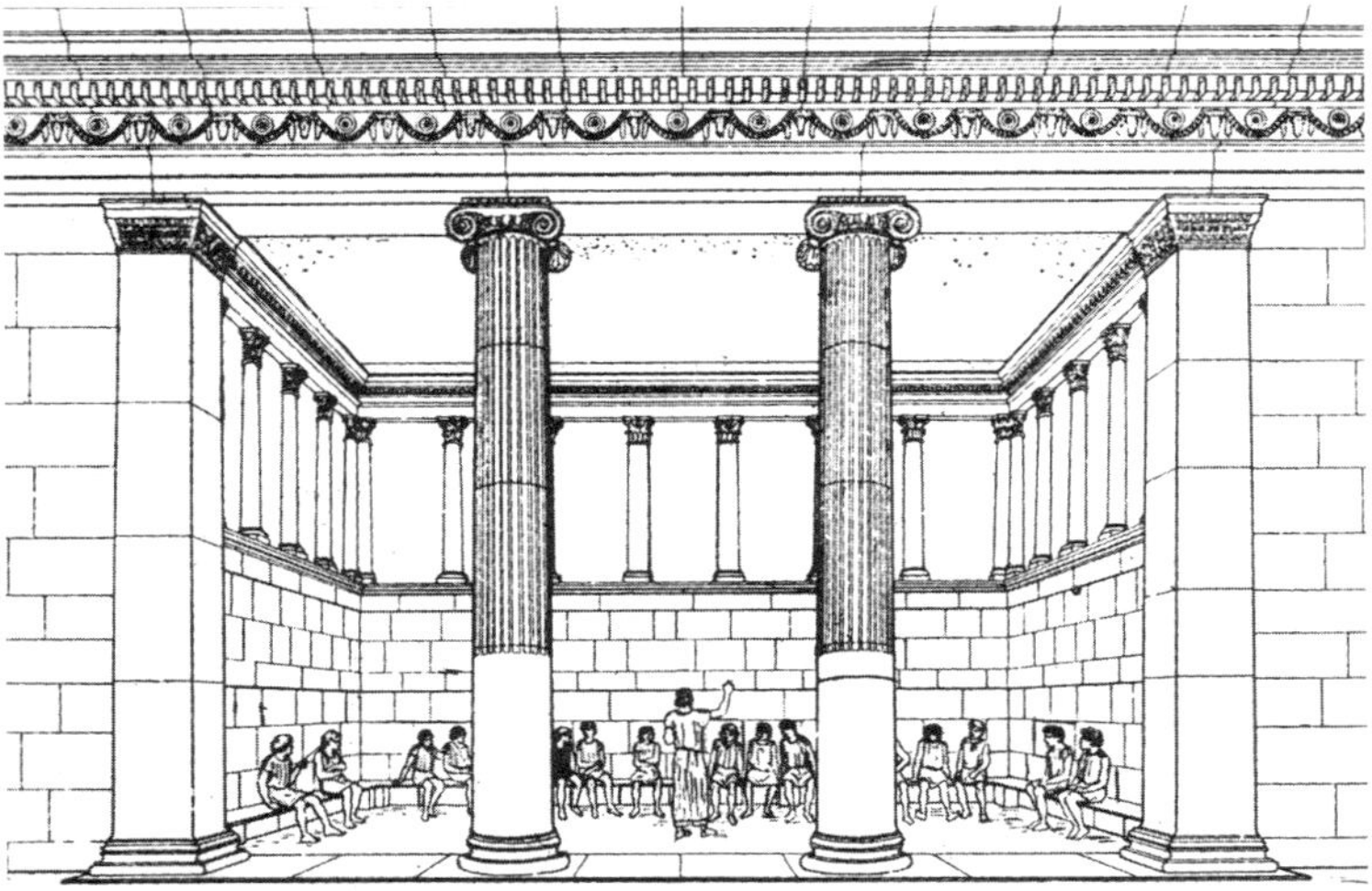

図24　体育場での教育
〔出典〕Miller, S. G., *Ancient Greek athletics*, 2004

奴隷、解放奴隷、その息子、レスリング技能未熟者、男娼行為をしたことのある者、アゴラで商売する者、酩酊者、精神錯乱者。

（『ギリシア碑文補遺』第二七巻二六一B、二六―二九行）

外国人が出入りを禁じられない一方で、奴隷や解放奴隷、そして男娼が体育場から閉め出されていることに注目したい。それは、自由人の地位こそが体育場利用資格であったことの証拠といえる。

したがって、オリンピックの参加資格にも、自由人か奴隷身分かという問題が深く関わっていたことは当然であった。さきに述べたとおり、オリンピック参加者は事前にエリスの体育場での練習が義務づけられていたから、奴隷は体育場に出入りできないがゆえに、自動的に競技参加資格も奪われていたと考えるのが自然であろう。古代の夢解釈には、奴隷が体育場で練習したりオリンピックで優勝する夢を見たら、それは近々解放される予兆である、というものがあった。これは裏を返せば、奴隷が基本的に競技会から排除されていたことの証左である。オリンピックは、身体を誰にも支配されない自由人としての優秀性を競い合う場であったのである。

心と身体・均整の美

では自由人の優秀性とは何か。おそらくそれを規定したのは、均整のとれた人間こそ美しいという価値観だったと思われる。アテナイ民主政のもっとも偉大な指導者ペリクレスは、史上有名な演説のなかでこう述べる。

> われらは……おのれの家計同様に国の計にもよく心を用い、おのれの生業に熟達をはげむかたわら、国政の進むべき道に充分な判断をもつように心得る。ただわれらのみは、公私両域の活動に関与せぬものを暇を楽しむ人とは言わず、ただ無益な人間と見なす。まとめて言えば、われらのポリス全体はギリシアが追うべき理想の顕現であり、われら一人一人の市民は、人生の広い諸活動に通暁し、自由人の品位を持し、おのれの知性の円熟を期することができると思う。
>
> （トゥキュディデス『戦史』第二巻四〇—四一章、久保正彰訳・一部改）

つまりペリクレスは、公私とも人生の諸活動すべてに、バランスよく能力を発揮することこそ自由人の品位であり、民主政はそうした理想の人間像にもっとも適合的な政体である、と説くのである。
このように均整と中庸を尊ぶ人間観は、哲学者アリストテレスに典型的にみることができる。次の一節に見られるように、彼がもっとも高貴だと考えていたオリンピック競技種目は、五種競技であった。

美しさは、年齢に応じてそれぞれ異なっている。若者の場合、その美しさは、競走や力を競うための労苦に耐え抜くだけの身体を持ち、しかも、競技を楽しもうとする人々の目に、その姿が快く映ることである。それゆえ、五種競技の選手がもっとも美しい。というのは、彼らは生まれつき力強さと速さの素質を両方とも持ち合わせているからである。
（アリストテレス『弁論術』一三六一b、戸塚七郎訳）

アリストテレスはこのように、一つの競技種目に抜きんでるよりも、五つの競技種目それぞれにバランスよく能力を発揮するほうが、より立派なことであって、人間として美しい、と考えたのである。
これは肉体能力についていわれていることだが、肉体と精神とのバランスということについても、ギリシア人は深い洞察をもっていた。哲学の祖ソクラテスは、若いのに身体の貧弱な弟子をつかまえて、このような対話をしている。

ソクラテス　何という運動の素人みたいな身体をしているのだ、エピゲネス。
エピゲネス　運動は素人なんですよ、ソクラテス。

ソクラテス　オリンピアの競技に出ようとしている人たちに少しも劣るべきではない。……身体の良い者は健康でありまた強壮である。そして多くの者がそのおかげで戦場に合戦に恥なく生命を全うし、一切の危険を脱する。……その他のどんな抗争においても、またいかなる事業においても、身体を強壮にしたために損をするという場合は、一つもないのだ。身体を使うことがもっとも少ないと思われている思索の場合においてさえ、多くの人々が身体の健康でないために大変な間違いをおかすことを、誰知らぬ者があろうか。

（クセノフォン『ソクラテスの思い出』第三巻一二章、佐々木理訳・一部改）

実際、ソクラテスの人生はこの言葉を裏切らなかった。彼は三度にわたって重装歩兵として出征し、手柄をあげたことで知られる。彼は頑健な身体の持ち主であったらしく、厳寒期の戦場でも裸足で歩哨に立って平気であったと伝えられる。ここでオリンピック選手が理想の人間像として取り上げられているのも興味深い。

彼の弟子であったプラトンも同様であった。彼は理想国家論のなかで体育の重要性を説いているが、プラトン本人もレスリングの選手として有名であり、イストミア祭に出場したとの伝えもある。彼がオリンピックを見物に行ったという話は先述のとおりだ。ディオゲネス・ラエルティオス『ギリシア哲学者列伝』第三巻四章によると、彼の本名はアリストクレスで、プラトンはあだ名であり、これは

「肩幅が広い」「体格がよい」という意味のプラテュスに由来するともいわれている。観念論の祖であるプラトンですら、肉体の鍛錬を怠らなかったという事実は見のがせない。

人間を肉体と精神に分けて考える霊肉二元論は、たいていのギリシア人にとって無縁のものであった。彼らにとって肉体と精神は、またそれぞれの美しさは、たがいに分かちがたく結ばれているものだったのである。

要するに、ギリシア人にとって理想の人間とは、一つの専門に偏らない、バランスのとれた人格であった。精神も肉体も、公の活動も私的な活動も、すべての分野にわたってまんべんなくいろいろな能力を発揮してこそ、自由人としてふさわしいと考えられていた。逆に、一つの分野だけに特化した専門家としての生き方は、奴隷的な生き方だと思われていたのである。

専門家がいないかわりに、どの市民も等しくいろいろな務めをはたす能力があれば、全体でポリス社会はうまく運営されてゆく。そのようにギリシア人は考えていた。人間には本来あらゆる能力が備わっており、それらをまんべんなく育て、発揮できるようにすることが自由人にふさわしい教育であった。そしてそのように育てられた人間たちが対等な立場に立って社会をかたちづくること、これが彼らの理想とする社会観であったといえる。

ここまで考えてくると、古代オリンピックの背景を探ることによって、心と身体、個人と社会といったことをめぐる、ギリシア人のものの見方・考え方がみえてくるだろう。

古代オリンピックは、競争に対するギリシア人の異様な熱意が生み出した祭典である。しかしその競争への執着は、逆説的なようだが、自由人の対等な社会関係という前提があってこそ説明できるものであった。オリンピックに参加すること、参加できるということは、自由人であることの何よりの証であった。そして成員間の平等というポリス社会の原則は、個々の市民一人一人が、あらゆる方面に能力を発揮する、バランスのとれた人格であることを要求した。オリンピック優勝者のなかでもっとも賛美されたのが五種競技の選手であったように、またギリシア彫刻が好んで均整の美を追求したように、特定の能力が抜きんでているよりも、多くの能力がそれぞれほどよく発達している人間を、ギリシア人は尊んだのであった。

第2章　精神と肉体
オリンピックの哲学

納富信留

オリンピズム

一八九六年、ギリシアのアテネで始まった近代オリンピックは、一世紀以上にわたり世界各地に会場を移して開催されている。当初は夏季だけだったものが、一九二四年以後は冬季オリンピックも別に開催されてきた。また、パラリンピックは一九六〇年に始まり(これが正式名称になったのは八八年)、現在ではオリンピックと同じ年、同じ場所で開催されている。これらをあわせたオリンピックは、世界最大のスポーツイベントといってよい。人々はアスリートの勇姿に感動し、競技に手に汗握り、声援を送ってお祭りの一時期を過ごす。

だがオリンピックは、単なるスポーツのイベントではなく、国際政治が繰り広げられる主要な舞台であり、招致国や開催国や参加国の国内政治、経済、文化、社会、ジャーナリズム、さらには環境や人権問題にまで大きな影響を与えてきた。身体能力を競い合う競技会という範疇をはるかにこえて、コマーシャリズムやナショナリズムの温床となっている。そこには、政治の対立に巻き込まれる事態――具体的には、一九八〇年のモスクワ大会や八四年のロサンゼルス大会――や、テロの標的となる場面――七二年のミュンヘン大会や九六年のアトランタ大会――など、けっして平和の象徴とはいえないシーンも見られた。

あらためて考えてみよう。近代に復活した「オリンピック」とはいったい何か？　国際オリンピック委員会（ＩＯＣ）によって採択された根本原理などをおさめた文書である「オリンピック憲章」を見てみよう。この「憲章」は数年おきに改訂されているが、根本原則はほとんど同じである（日本オリンピック委員会〈ＪＯＣ〉）。その第一項にはこうある。

オリンピズムは肉体と意志と精神（body, will and mind）のすべての資質を高め、バランスよく結合させる生き方の哲学（a philosophy of life）である。オリンピズムはスポーツを文化、教育と融合させ、生き方の創造（to create a way of life）を探求するものである。その生き方は努力する喜び、良い模範であることの教育的価値、社会的な責任、さらに普遍的で根本的な倫理規範の尊重を基盤とする。（二〇一五年版「オリンピズムの根本原則」一）

オリンピック精神を意味する「オリンピズム（Olympism）」という言葉は、かならずしも一般に普及はしていないが、近代オリンピックを推進するにあたって掲げられた理念(idea)である。オリンピック・ムーブメントは、社会・文化・教育においてスポーツをつうじて人生を豊かにする哲学とされる。「オリンピックと哲学」というと、ほとんど無関係の対のように感じられるかもしれないが、オリンピックの理想(ideal)が一つの哲学であることは、この問題を考えるうえで決定的に重要である。

だが、近年のオリンピックは、残念ながら、コマーシャリズムとナショナリズムを二つの柱とする諸問題にまみれている。最大級の国際的イベントの運営は利権の場となり、巨額の運営費用や放映権、スポンサーとの関係、開催自治体の財政負担や住民との軋轢《あつれき》といった社会・経済問題が、不公正や過負担、汚職腐敗をもたらしている。また、国威発揚やメダル獲得競争といった政治的背景が、以前は「アマチュア精神」を謳《うた》っていた競技のプロフェッショナル化、ドーピングを犯す勝利至上主義、それも国家ぐるみの不正や国際的な対立を生み出している。一見華やかで幸せであるという高揚感をもたらすスポーツ大会は、その背後ではおよそ哲学や倫理とは縁のない不健全な問題をかかえている。いったん始まると人々を熱狂の渦に巻き込み、オリンピック歓迎や礼讃が響きわたるだけに、恒常的な考察と冷静な対応が求められる。

オリンピックは今後も継続されるべきか? その問いを根本から考えるべき時期であろう。また、もし存続させる場合、どのようなあり方がふさわしいか。現代、オリンピックが肥大化し、商業化し、形骸化しているのだとしたら、縮小論や廃止論もありうる。あるいは、原点にもどってギリシアのアテネなりで恒常的に簡素な大会を開催するといった案も、一つの方向かもしれない。実際、これまでの開催地の多くはインフラ整備で巨大な負債をかかえ、経済や社会に大きな禍根を残してきたからである(一九六四年に開催された東京オリンピックも、翌年に禁断の「赤字国債」発行に踏みきるという禍根を私たちに残している)。オリンピックははたして必要なのか。「オリンピズム」という哲学の意義、それが本当に実現されているのかが、あらためて問われる。

ここであえてこう問いたい。「哲学」のないオリンピックは「オリンピック」たりえるか? この問題を考えていくには、「オリンピック憲章」に表明された近代オリンピックの「理念」をみつめなおすことが必要であろう。そのためには、さらに歴史を遡って、古代オリンピックと哲学の関係を考察することも重要なはずである。

哲学者・嘉納治五郎

オリンピックと哲学の関係をみるにあたって、私たちの足許、近代日本での一つの具体例をみておきたい。柔道の父とも呼ばれる嘉納治五郎《かのうじごろう》(一八六〇〜一九三八、図1)である。

嘉納治五郎は、明治期に日本の伝統的な柔術を「柔道」として新たに普及させ、「講道館」を設立して今日にいたる日本柔道を確立した、柔道の創始者である。また、近代オリンピックの創始者であるピエール・ド・クーベルタンの依頼で、一九〇九年に日本人ではじめての国際オリンピック委員になり、日本のオリンピック参加を積極的に推進した人物である。嘉納の働きかけもあり、一九四〇年の夏季オリンピックが東京で開催されることが三六年にいったんは決定されたが、その後日中戦争の激化によって日本政府が開催権を返上し、「幻の東京大会」となったことも忘れてはならない。

その一方で、この国際的な体育家が「哲学者」であったことは、あまり知られていない。嘉納とオリンピックとの関係において哲学がどのような意義を担ったかを知るために、まず彼の経歴をみておきたい。

図1　嘉納治五郎

兵庫県の名家出身の嘉納は、一八七七年に創立された東京大学文学部の哲学及政治学科に入学し、八一年七月にその第二期生として卒業した。一年先輩にはのちに同大学教授として日本哲学の重鎮となる井上哲次郎(一八五六〜一九四四)や、日本美術院を創設する岡倉覚三(天心、一八六三〜一九一三)がいる。当時の東京大学はいわゆる「お雇い外国人教師」による授業が中心で、ハーバード大学を卒業したのちにアメリカから来日し、政治学や理財学(現在の経済学)、そして哲学を講じたアーネスト・フェノロサ(一八五三〜一九〇八)は、学生の間でとくに人気が高かった。ハーバート・スペンサーの進化論哲学の研究者として、その紹介にも努めたフェノロサに心酔した嘉納は、政治学と理財学を専攻して卒業したのち、さらに一年間選科生としてフェノロサのもとで哲学を学んだという。この時代の東京大学ではすべて英語で講義されており、のちに国際的に活躍する嘉納らの世代の素養はそうして培われた。

嘉納はまた、大学在学中から柔道に励み、やがてその方面で有名になるが、卒業後の一八八七年には東京大学文学部の哲学会が発行していた『哲学会雑誌』に「ユーチリタリアニズム（功利教）ヲ論ス」という論文を連載し、功利主義哲学の紹介に努めている。続いて、同年から翌年にかけては「性質變換論」という標題の哲学論文も寄稿している。『哲学会雑誌』は日本で最初に発刊された哲学の研究論文誌であり、嘉納も若い哲学研究者としてその成果を発表していたわけである。嘉納は、後輩にあたる井上円了《えんりょう》（一八五八〜一九一九）が創立した哲学館（現東洋大学）で倫理学を講義し、のちに東京高等師範学校、熊本の旧制第五高等学校で校長を務め、地元で旧制灘中学校の創立に関わっている。東京大学で学んだ西洋の哲学を教育の場で活かした人生といえる。

嘉納は柔道の精神として日頃から、個人にとっては「精力善用」、社会にとっては「自他共栄」を唱えていた。彼の教育哲学は「三育主義」と呼ばれ、智育・徳育・体育のバランスが重視された。この「三育主義」は、もとはフェノロサが信奉したスペンサーの『教育論』に共通する理念であった。柔道は、ただ体育として身体の健康に寄与し勝負に利するだけでなく、人間の総合的な育成のなかに位置づけられたのである。柔道教育者として高名な嘉納は、哲学につうじた国際人であり、若い日に研究した功利主義の哲学は、彼の柔道理念の基盤をなしているともいわれる。

先輩で東京大学の哲学科で教えた井上哲次郎は、嘉納がしばしば親しく助言を求めてきたさまを回顧している(「嘉納治五郎氏に対する追憶談」『嘉納治五郎大系一一』本の友社、一九八八年参照)。嘉納と哲学との関係は一生続いたのである。

それまで柔術という武芸の一種にすぎなかった営為を「道」として人生哲学にまで高めた点、「自他共栄」という共同性の理念を打ち出した点など、嘉納の基本理念は哲学との関わりではじめて正しく位置づけられる。また、フランスのクーベルタンによって進められていた近代オリンピックの理念に賛同し、日本人初の国際オリンピック委員として積極的にその国際展開につくした歩みも、彼の哲学なしには理解できない。このように、日本がオリンピックに関わる原点には、単なるスポーツの国際競技会をこえた、社会と人生を導く「哲学」という理念があった。

青少年の教育において「体育」が基本的な役割をはたすことは、今日では学校教育をつうじて常識化しているが、どの時代や文化にも受け入れられていた考えではなかった。義務教育が始まった明治期には、兵役など実践のためでない身体鍛錬は不必要、あるいは有害とも思われ、遊びにすぎないスポーツに真剣に取り組むこと、まして教育の一環として義務化することには、大きな抵抗があったといわれる。そういった偏見を打破するために精神と身体の修練を説いた嘉納の教育哲学は、近代日本で大きな意義を担っていた。

このような理念の西洋での根源は、プラトンの教育論、具体的には、『ポリテイア(国家)』に求められる。そこでプラトンは、「文芸(ムシケ)」と「体育(ギュムナスティケ)」を二つの柱とする初等教育論を展開しているからである。嘉納が近代日本で強調し実践した「体育をつうじた教育」という理想は、遠く古代ギリシアに遡る。

では、古代オリンピックに話題を移そう。

競技優勝者の讃美

古代ギリシアの社会において、体育競技会としてのオリンピックは哲学とどう関わっていたのか。古代オリンピックの歴史や仕組みについては、本書第1章および、桜井万里子・橋場弦編『古代オリンピック』(岩波新書、二〇〇四年)に譲ることにして、ここでは二つの話題を取り上げたい。まず、古代の人々に競技選手がどのように扱われていたのか。次に、哲学者や弁論家がオリンピアの競技や祭典とどう関わったのかをみていく。古典期、つまり前五〜前四世紀のギリシアについては、文学や歴史や哲学など多くの文献資料が現代に伝わっている。それらを具体的に見ながら、古代人のメンタリティを探りたい。

私たちには、ペロポネソス半島西部にあるゼウスの神域オリンピアで四年おきに開催された競技会だけが「古代オリンピック」としてよく知られている。だが、第1章で説明されたように、古代にはほかに、デルフォイでアポロン神に捧げられた「ピュティア祭」、コリントスでポセイドン神に奉納された「イストミア祭」、そしてネメアの地でゼウス神を祀った「ネメア祭」があり、あわせて四大競技祭と称されていた。それらは時期をずらして開催され、祭神も競技種目も異なっていた。例えば、ピュティア祭では笛や竪琴の演奏や詩歌の朗唱など、運動以外の競技も含まれていた。

これら四大競技祭が古代ギリシアの人々にとってどれほど重要であり、そこでの優勝がどれほど大きな栄誉をもたらしたかは、前五世紀前半に盛期を迎えた「祝勝歌（エピニキア）」という詩作のジャンルから知られる。その様式を確立したのはケオス島出身のピンダロス（前五二二／五一八～前四四二／四三八、図2）であるが、彼の甥バッキュリデス（前五二〇頃～前四五〇）とテバイ出身のシモニデス（前五五六頃～前四六八）がそれを引き継いでこのジャンルを完成に導いた。

図2　ピンダロス彫像

競技の勝利者に対して祝勝歌を捧げ、それを披露する宴が開催されることは、古代ギリシア社会の慣習であった。現代の私たちには意外な取り合わせに感じられるかもしれないが、勝利と歌は切り離せない関係にあった。ピンダロスは「ネメア第三歌」でこう歌う。「ものごとにより渇望の的は異なるが、競技の勝利は、栄冠といさおの有能こよなき従者たる、歌をことのほか愛するのである」（三二―六行）。勝利は歌を愛する。

反対に、麗しい功績をあげた者が「祝勝歌」をえずに死ぬことは、むなしいものとされた。
競技会での勝利は詩人に歌を歌うことを促し、ムーサの女神により勝利は歌に結びつけられる。祝勝歌の詩人は、競技で優勝した有力者のために歌をつくり、それを当人の家の前で、あるいは公共空間で上演していたと推測されている（安西眞『ピンダロス研究——詩人と祝勝歌の話者』北海道大学図書刊行会、二〇〇二年参照）。競技会での優勝は、一個人の問題ではなく、彼を送り出した家やポリスの栄誉だったからである。

ピンダロスは四大競技会の数多くの優勝者に祝勝歌を捧げている。「オリンピア祝勝歌」が一四作品、「ピュティア祝勝歌」が一二作品、「ネメア祝勝歌」が一一作品、そして「イストミア祝勝歌」が九作品ほど現代に伝わっている。もっとも現存数の多いのがオリンピア大会の祝勝歌であるのは、それが四大競技会のなかでもっとも重要だったことを示しているのかもしれない。

前四七六年のオリンピックで、シチリア島アクラガスの王テロンは四頭立て戦車の競走でみごとに優勝する。その勝利を言祝《ことほ》ぐ「オリンピア第二歌」は、このように始まる。

〔ストロペ1〕
竪琴を支配する讃歌どもよ、
どの神を、どの英雄を、どの人間をわれらは謳おうか？
まことにピサはゼウスの聖地。またオリンピア競技はヘラクレスが戦の初穂として設けたもの。

そしてテロンは四頭戦車の勝利ゆえに
誉められるべきである――客人への心配りは掟にかない、アクラガスの支えとなり、
名高い父祖の一族の精華として町を護持する人である。

〔アンティストロペ2〕

彼らは、心に多くの辛苦を味わったのち
河沿いの聖なる住まいを得て、シケリアの
眼となった。宿運に基づく月日が彼らに随順し、その真正な偉大さに
富と栄光を添えた。
だが、クロノスとレアの子よ、オリンポスの座と、
競技祭の最高峰と、アルペオスの流れとを統《す》べる神よ、どうかこの歌に心を和ませ、
好意をもって彼ら一族の後裔にもこの父祖の地を保持したまえ！

（ピンダロス「オリンピア第二歌」より、内田次信訳・表記改）

ピサはオリンピアの神域に接する地方である。詩人は、「競技祭の最高峰」とされるオリンピア競技会が英雄ヘラクレスの戦勝を祝して創立されたとの伝承から歌を始める。前七七六年に始まったとされるこの競技会が神話時代の英雄の創始であるはずはないが、ギリシア人にとってはその偉大さをあらわすイメージであった。

戦車競技は、馬二頭立てと四頭立ての種目があり、王族や僭主（テュラノス）や貴族など有力者が参加する花形競技であった。それ以外に、騎馬競技・長距離走・スタディオン走・五種競技・レスリング・ボクシングなどがあり、古くは騾馬《ラバ》車競走もあったようで、その勝者も顕彰されている（「オリンピア第四、五、六歌」）。

この祝勝歌は、まずオリンピアの地をたたえ、「クロノスとレアの子」であるゼウス神に捧げる歌となっている。そして、アクラガスで権力を握るこの人物とその子孫の繁栄を願う。祝勝歌は、このように勝利を個人の顕彰にとどめず、一つの壮大な視野のもとにおく。同じテロン王の戦車競走優勝を祝う「オリンピア第三歌」も残っており、そちらは饗宴に神々をおまねきする祭祀で歌われた歌だといわれている。こうして勝利は歌をつうじて永遠の名声を手に入れ、神に捧げられていく。

オリンピックは運動競技という枠をこえて、ギリシアの文化そのものとなっていた。

運動競技者の批判

オリンピアをはじめとする競技会の勝者は、いつも手放しで称賛され尊敬されていたわけではない。彼らの名声は、その半面で人々の嫉妬や強烈な批判を引き起こすものであった。そこには、運動競技に特化した偏った生き方への批判、勝利者への過剰ともいえる褒賞や栄誉への反発があった。

とりわけ、運動選手がプロ化して、勝利のための特殊な訓練と特別な生活を送るようになると、それは逸脱した生き方として批判されるようになる。二〇〇年頃に執筆されたアテナイオス『食卓の賢人たち』は、古代のさまざまなゴシップを伝える興味深い著作だが、そこでは歴代の「大食い」も紹介されている。英雄ヘラクレスが牛一頭を食べる競争に勝ったといった豪快な例から始まるが、おも

図3　運動選手(クロトンのミロン，ルーヴル美術館蔵)

に登場するのは運動選手であった。

タソス出身のテアゲネスは一人で牛一頭を平らげた。クロトン出身のミロンはオリンピアで四歳の牡牛を肩に担いで競技場内を一周してから、それを切り裂いて一日で平らげた。彼らは有名な運動選手(図3)である。オリンピア競技会に出場しパンクラティオン、レスリングで連続三度の優勝を誇るミレトス出身のアステュアナクスは、食事にまねかれた家で客全員分を一人で食べてしまったという。「こういう人々が大食いになるのも、べつにおかしなことではないのだ。というのは、体育競技に励む者たちは、たくさん食べろとも教えられるから」。こうして大食い談義では、運動選手が主役となる。

次に、批判は運動競技会で活躍する選手の生き方に向けられる。アテナイ(アテネ)の悲劇詩人エウリピデス(前四八〇頃~前四〇六)にはサテュロス劇『アウトリュコス』(散逸)があったが、アテナイオスはその初演版からの一節を引用している(『食卓の賢人たち』第一〇巻四一三C-F)。少々長いが、貴重な証言なので全文を紹介したい。

盗みの術を授かったアウトリュコスの行為を、シシュポスが見破る。
ギリシア全土には数えきれぬほどの悪人どもがいるが、
運動競技の選手たちより悪いやつらはいない。
まず第一に彼らは立派に生きていくということを学びもしないし、

またそんなことはできそうにもない。なぜなら、
誰にもせよ食欲の虜となり果て、胃袋の誘惑に負けてしまう者が、どうして父を凌ぐ豊かさを手に入れることができようか。
さらにまた彼らは、貧乏暮しをすることも、自分の力を運命を変えることに可能なかぎり使うこともできない。
なぜなら日頃から良い習慣を身につけていないので、
苦境に陥った時、なかなか臨機応変に対応することができないのだ。
若いうちは輝かしい存在であって、国家の栄光をになう者として
闊歩しているが、ひとたび辛い老年がやって来ると、
糸のぬけおちたマント同様になって姿を消すことになる。
だからわたしはギリシア人たちの例の習慣をも非難したのだ、
ギリシア人たちは、彼らのために集会を催し、
役にもたたない宴会の楽しみを重んじているからだ。
なぜならレスリングに優れた者であれ、駿足の者であれ、
あるいはまた円盤を投げる者であれ、拳闘に秀でた者であれ、
勝利の花冠を得たからといって、誰が祖国を護ったであろうか。

彼らは両手に円盤を持って敵どもを相手に戦うのか、
あるいは拳で盾をぶち割って
祖国から敵を追い払うだろうか。
鉄でできた武器の前に立って、このように愚かな振舞いをする者はひとりもいない。
聡明で勇敢な人々が
木の葉で編んだ冠を授けられるべきなのだ。また誰であれ、
分別をそなえた正義の士であって、祖国のために最もよかれと思うことを計る人、
言説をもってもろもろの悪い行ないをとり除き、
戦争だの内乱状態だのを防ぐ人が受けるべきだ。なぜなら
このようなことが、あらゆる国家とあらゆるギリシア人にとって好ましいことなのだから。

（エウリピデス『アウトリュコス』断片、安村典子訳）

この劇のタイトルになっているアウトリュコスは、ギリシア神話で有名な悪党で、とりわけ盗みの術で悪名高い人物だった。ホメロスの叙事詩『オデュッセイア』でも、オデュッセウスの母方の祖父にあたる彼は、「盗みとウソの誓いをすることにかけては万人に並びなき人」といわれている（第一九巻三九五―三九六行）。その劣悪さと比べてもさらにひどい連中として、運動選手が批判されるのである。

悪辣《あくらつ》ぶりが比較されるのは、おそらく神話時代の話ではなく、劇上演当時に一般人の目に映った運動選手の姿だったはずである。彼らは、いくら運動鍛錬に励んで競技会で優勝しても、国家の実践場面ではまったく役に立たない穀潰《ごくつぶ》しである。だが、ひとたび優勝者となれば栄光の人として国家から栄誉を受け人々からもてはやされ、数々の宴会や集会にまねかれる。そんな不合理が痛烈に揶揄《やゆ》されている。ギリシア人が理想とする「立派な善き生き方」に相反する傲慢で放埒《ほうらつ》な生活が、運動選手の特徴である。また、競技人生の盛期は長くはなく、老年のみじめさも強調されている。

サテュロス劇の登場人物によって、このように辛辣に批判される運動選手の生き方であったが、無論それは人々の羨望の裏返しでもあったろう。良くも悪くも、運動選手は社会の花形であり、優勝者の栄光は絶大であった。

クセノファネスの批判

エウリピデスの批判的言論はけっして独自のものではなかった。アテナイオスは、エウリピデスのこの非難には先行するモデルがあるという。それは、前六世紀にイオニア地方コロフォンの出身で、イタリアにもわたって活躍したクセノファネス(前五七〇頃〜前四七五頃)の詩である。

クセノファネスは哲学者であり、詩人として各地をまわってそこで自作の詩を披瀝していた。当時の詩人は有力者たちの饗宴(シュンポシオン)にまねかれ、「エレゲイア」という二行一対形式の詩を歌うのが習慣であった。その主題には、酒や神々や恋愛が好まれていた。クセノファネスの作品には運動選手を揶揄するエレゲイア詩がある。やや長いが引用する(アテナイオス『食卓の賢人たち』第一〇巻四一三C-四一四C)。

優勝するならば、つまりは足の速さで、
あるいは五種競技で——ゼウスの神域が
オリンピアなるピサの川のほとりに建つ場で行なわれる競技祭でのこと——、レスリングや、
あるいは苦しい拳闘や、
パンクラティオンというあの恐るべき競技であれ、
勝てば、優勝者は町の人々の目には栄えある者として映る。
そして、競技会では晴れやかな貴賓席を与えられ、
食べ物もポリスの公費で供され、
贈り物ももらい、自分の宝庫にできる。
馬で勝っても、これらのものがすべて手に入るのだ、
この私ほど値打ちがあるわけでもないくせに。というのは、
私のもつ知恵のほうが人間や馬の体力よりもすばらしいからである。
まったくもって、でたらめで間違った世の習わしだ、

すぐれた知恵よりも体力を尊ぶのは。
なぜなら、世に強い拳闘選手がいたところで、
五種競技やレスリングの猛者《もさ》がいたところで、
足の速さで、つまり人間の体力の技のうちで
格別尊重される競技で、すぐれた者がいたところで、
その人のおかげでポリスの安寧秩序が増すわけでもなかろう。
ポリスにささやかな喜びをもたらすにすぎないのだ、
ピサの岸辺で行なわれる競技の勝利者なんか。
それでポリスの金庫が潤うわけではないのだから。
（クセノファネス、断片二、西村賀子訳）

エウリピデスの『アウトリュコス』で問題にされたのは、おもに国家への奉仕貢献、とりわけ戦争の現場における運動選手の非実践性であった。それに対してクセノファネスは、栄誉をえる競技会勝利者と「知恵」との関係を問題視する。知恵をもたらす者、つまり自分のような文化人を尊重せず、国にそれほど貢献するわけでもない運動選手がちやほやされるのは不合理ではないか。これは、知者として自負をもつ詩人が、社会の花形である運動選手を引き合いに出すことで、自らの役割を誇示する発言だともいえる。

クセノファネスは風刺の詩を得意としている。ホメロスやヘシオドスらが叙事詩で描く神々が、し

ばしば不道徳な行為をおこなったり、人間の姿形で想定されたりしていることの不合理を笑い飛ばす詩句も残されている。運動選手を取り上げたこのエレゲイア詩でも、やはり社会で評価される彼らへの強い揶揄が感じられる。

今日では想像しにくいが、古代社会で人々が共通に体験する娯楽は、詩の朗唱、折々の悲劇や喜劇の上演、または、体育の競技会といったものにかぎられていた。オリンピアなど遠隔地で開催される競技会にでかけていき、直接に彼らの競技を観賞できる人々は極めて少数であったろう。それゆえ、競技会の模様や勝利の様子は、報告をつうじて人々の話題にのぼり、祝勝会や祝勝歌などで人々が臨場感をもって追体験したのではないか。詩と運動競技は、いわば古代の娯楽のライバルであり、共演者でもあった。その文脈で、クセノファネスは「知恵」こそより大きな栄誉を受けるべきものだと訴えている。それは、詩人の知恵、いやむしろ、のちに「哲学」と呼ばれるようになる知恵であった。

ソクラテスとオリンピア優勝者

アテナイに古典文化が花開いていた前三九九年、ソクラテス(前四六九頃〜前三九九、図4)は不敬神の罪状で裁判にかけられる。その告訴状には、「ソクラテスは、ポリスの信ずる神々を信ぜず、別の新奇な神霊(ダイモーン)のようなものを導入することのゆえに、不正を犯している。また、若者を堕落させることのゆえに、不正を犯している」とあった。有名なその裁判については、のちに弟子たちが著作をつうじて師ソクラテスの無実を訴えることになる。その一つ、プラトン（前四二七～前三四七）が著した『ソクラテスの弁明』には、オリンピア競技会の優勝者への言及がある。その一節について、次に考えてみよう。

プラトン『ソクラテスの弁明』は、通常想定されるような裁判での語りの記録ではなく、プラトンが後年に創作を加えて「ソクラテス裁判とは何か？」をとらえなおそうとした哲学書である。その意味で、そこで「ソクラテス」が発言する内容が、実際の裁判で語られたことかどうかは確かめようがない。だが、第一回の投票で有罪が確定したのちに、受けるべき刑罰を提案する演説で語られる、有名な「プリュタネイオンでの食事」発言は、その印象の強烈さゆえ、実際にソクラテスが法廷で語った「大言壮語」の例であると一般に受け取られている。

図4　ソクラテス彫像

彼はこう語る。

> では、貧乏にもかかわらず、あなた方に勧告するために暇を得る必要があるような、そんな貢献者には、何が相応しいのでしょう。アテナイの皆さん、こんな男には、プリュタネイオンの会堂で食事に与る権利、それ以上に相応しいことはありません。あなた方のだれかが、馬や、二頭立てある

いは四頭立ての馬車で、オリュンピアの競技会で勝利を収めた時より、もっとずっと相応しいのです。その理由は、競技会の優勝者は皆さんを幸せであると思わせてくれますが、私は実際に幸せにするのであり、また、彼らは養ってもらう必要などないのに、私はそれを必要としているからです。

（プラトン『ソクラテスの弁明』三六D‐E、納富信留訳）

アクロポリス北東部にあったとされるプリュタネイオンの会堂では、外交使節や各種競技会優勝者など、ポリスの要人は無料で食事を供せられる権利が与えられていた。とりわけ、オリンピックは当時もっとも有名な国際的行事であり、そこでの優勝者はポリスの威信を高める功労者とみなされていた。ソクラテスは、自分にふさわしい「刑罰」は、そこに招待されての食事であるといい放つ。

だが、ここでの比較はもう少し限定的である。オリンピックでは多くの運動種目が競われたが、ここでは騎馬競技と戦車競技が標的になっている。ソクラテスはどうやら、長距離走・スタディオン走・五種競技・レスリング・ボクシングなどの個人種目と区別して、その二つを取り上げているようである。

オリンピックの個人種目でも、無論、優勝者はポリスをあげて顕彰され、プリュタネイオンでの食事の権利を享受したはずである。だが、彼らは自分の肉体を鍛えあげ、いわば自力で勝利を勝ち取る真の体育家であった。それに対して、騎馬競技と戦車競技に参加できたのは、資産と地位に恵まれた一部の特権階層であった。彼らは、そもそもポリスから食事の供応を受ける必要はない。ソクラテスはその点を皮肉っている。

馬や車の質が勝敗を決定的に左右する騎馬や戦車の競技では、優れた馬をそろえ、よい調教師や御者をまかなえる富裕者が圧倒的に有利であった。自身の実力を発揮する個人種目に対して、資力に依存する競技は、やや公平さを欠くようにみえたのかもしれない。戦車競技で優勝者としてオリーブの栄冠を受けたのは、実際に馬を操って危険なレースを制した御者ではなく、その馬や戦車の持ち主であった。ピンダロスの「オリンピア第二歌」がアクラガス王テロンの優勝を歌ったように、これらの競技には王侯貴族が名誉をかけて参加するのが通例であり、それは彼らが統治するポリス、あるいは出身ポリスの威光を誇示するものであった。クセノファネスのエレゲイア詩でも、「馬で勝っても、これらのものがすべて手に入るのだ」という表現でこの事情が示唆されていた(七四頁)。

アルキビアデスの栄冠

ソクラテス裁判に先だつ一七年前、才能と奔放さで知られた貴族アルキビアデス(前四五〇頃〜前四〇四)が戦車競技(二一頁、図5参照)で優勝をさらったできごとは、人々の記憶に生きていた。前四一六年、当時将軍職にあったアルキビアデスは、オリンピアで七台の戦車をレースに出走させ、優勝をはじめとする三つの賞をさらった。自身が戦車を操るのではなく、持ち主として参加し勝利の栄冠を受けたのであろう。これを、翌四一五年春の民会演説でアルキビアデス本人が自慢している。シチリア遠征軍の指揮官として不適任だとするニキアスの批判に反論するため、彼はこう語る。

ギリシア人どもが、わがアテナイの国力は戦争のために疲弊しきっていると思い込んでいた矢先に、わたしがオリンピア競技に参加し絢爛たる賞を飾ったために、かれらはわが国の実力を幾層倍も過大に評価するに至った。それも私が、かつて個人参加者としては前例のない、騎車七台を出場させ、一等、二等、四等の順位を独占し、それのみかかくの如き勝利に相応しい盛大な装いをととのえたからである。一般の慣習によれば、このような行為は人の尊敬に値し、その成果はおのずから国威盛大なることを人々に感ぜしめる。

（トゥキュディデス『戦史』第六巻一六章、久保正彰訳・一部改）

この勝利は、悲劇詩人エウリピデスにも称賛されたことが、プルタルコス『アルキビアデス伝』（第一一章）に記されている。その祝勝歌では一等から三等までを独占したことになっている。いずれにしても個人で七台の戦車を参加させることは破格であり、彼の破天荒で派手な性格を示すと同時に、アルキビアデスには独裁者になる意図があるのでは、と人々に疑われる原因にもなった。

オリンピックが開催された前四一六年夏は、アルキビアデスが献策したシチリア島遠征が実行される前年にあたり、彼の政治的人生の絶頂期であった。プラトンはそのころの姿を『饗宴』で描いている。前四一六年春に開催された悲劇コンクールではじめて優勝した詩人アガトンの祝勝宴会に、酔っぱらったアルキビアデスが乱入してソクラテスをみつけ、仰天して彼との関係を赤裸々に語るという設定である。

ソクラテスは、若き日に才能あふれるこのアルキビアデスと交際し、親しく対話を交わしていた（プラトンに帰される『アルキビアデス一』『アルキビアデス二』といった対話篇もあるが、別の弟子たちも二人の関係を取り上げている）。シチリア遠征軍から離脱し、祖国を裏切って全ギリシアを翻弄し、アテナイを最終的な敗戦に追い込むその人物は、前四〇四年に「三十人政権」の命で暗殺された。しかし、ソクラテスはそのアルキビアデスら「若者」に反民主制的な思想を教え「堕落させた」という嫌疑を受け、それも遠因となり五年後に裁判にかけられたのである。

アテナイの同胞たちに「魂をより善くするよう配慮せよ」と日々対話で促し、そうして神の使者としてポリスに貢献してきたと自負するソクラテスは、オリンピックの勝者としてもてはやされたアルキビアデスら貴族たちよりも、より真正の功労者ではなかったか。その表面的な華やかさに目を奪われて、本質的な「善さ」を見失った偉大なポリス・アテナイの人々に対して、ソクラテスは痛烈な皮肉を投げかけている。自分が人生において哲学を遂行し、祖国のために真正の政治的活動をおこなってきたというのに、それが有罪になるのであれば、その刑罰には無料の食事がふさわしいのだと。オリンピックの優勝者は、国の誇りとなり国民を熱狂させて「幸せであると思わせてくれる」、つまり幸せな気分にしてくれる。だが、真正に「幸せである」とはどういうことか、それが、哲学が問いかけ、私たちを夢から醒めさせて真の生き方に向かわせる哲学的吟味である。

ソクラテスの皮肉な発言は、一世紀ほど前のクセノファネスの詩を強く連想させる。両者に共通するのは「知者(ソフォス)」、あるいは「哲学者(フィロソフォス)」の営みが、運動選手に与えられる栄誉にまさるという比較であった。これはまた、魂や精神が肉体にまさるという、ギリシアの哲学の中心テーゼであった。

運動競技と人生

オリンピックの優勝者となれば、それによってえられる栄誉と、それ以上に「プリュタネイオンでの会食」など生涯にわたって与えられる有形無形の恩典によって、人々の羨望の的となった。それは、人生を論じるにあたって「幸せ」と目される典型例であった。では、哲学者たちはオリンピック選手をどう見ていたのか。

プラトンは主著『ポリテイア』で、理想のポリスに指導者として生きる人々の人生を、彼ら競技優勝者と比べて論じている。ソクラテスはグラウコンとこう対話する。

「こうして彼らは、こういった不都合のすべてから解放されることになるであろうし、そしてあのオリンピア競技の勝者たちが送るところの、人から最も幸福だと羨ましがられる生活よりも、もっと幸福な生活を送ることになるだろう」

「どのように?」

「あの勝者たちが幸福だとみなされているのは、この人たちが享受しているものの、ほんの小さな部分によってだといえる。なぜなら、この人たちのかちとった勝利のほうが、もっと立派なものだし、公共の費用から供せられる生活の糧《かて》も、いっそう完全なものだからね。なにしろ、この人たちのかちとる勝利とは、ほかならぬ国家全体の保全ということなのだし、いわばその栄誉の冠として、彼ら自身も子供たちも、生活の糧はもとより、およそ生きるために必要なかぎりの他のいっさいのものを与えられるのだし、さらには自分の祖国から、生きている間に名誉の恩典を受け、死んでからは、その功績にふさわしい埋葬の礼にあずかるのだから」

（プラトン『ポリテイア〈国家〉』第五巻四六五D-E、藤沢令夫訳・一部改）

この対話は、国の守護者たちは財産も家族も共有にすべしという、驚くべき提案のあとでなされている。ソクラテスは、競技優勝者は理想国の守護者たちと比べてごく小さな恩恵しか受けないという。それは、国そのものを守り保全することが、守護者たちが獲得する栄冠だからである。守護者の階層は、財産や家族を私有することが許されないかわりに、国全体、つまりポリスの市民たちから生きるための糧を提供されている。それは、より尊敬に値する「幸せ」な生き方なのである。

プラトンがこだわった哲学者の生き方では、公共につくすという点が重要である。同様の思想は、晩年の著作『法律』でも、アテナイの客人によって語られる。

また国家や同胞にとって、ぬきんでてもっとも優れた人とは、オリンピアの競技や、戦争に関する、あるいは平和に関する、どんな競技に勝つことよりも、国法への奉仕という評判で、すなわち、生涯を通じて誰よりも立派に国法に奉仕したという評判で、勝利をおさめることの方を選ぶ人である。

（プラトン『法律』第五巻七二九D-E、池田美恵訳・一部改）

競技での勝利より、国法への奉仕がまさる。日頃から肉体を鍛錬して競技会に参加し、そこで優勝して永久の栄誉をえることは、ギリシア人にとって一つの理想の生き方であった。だが、それとの比較で、魂の善さを勝ち取って公私にわたって使命をはたす哲学の生き方がはるかにまさる。オリンピック選手は『法律』で時折言及され（第七巻八〇七C、第八巻八三九E）、政治や法律を論じる議論で、運動選手の生き方は哲学者の比較の対象となっている。

哲学的な生き方をオリンピックの優勝者と比べるトポスは、別の対話篇にも登場する。弁論術を吟味する『パイドロス』で、ソクラテスは魂のミュトス（物語）をこう語る。

さて、そこでもし、精神のよりすぐれた部分が、二人を秩序ある生き方へ、知を愛し求める生活へとみちびくことによって、勝利を得たとしよう。その場合まず、この世において彼らが送る生は、幸福な、調和にみちたものとなる。それは彼らが、魂の中の悪徳の温床であった部分を服従せしめ、善き力が生ずる部分はこれを自由に伸ばしてやることによって、自己自身の支配者となり、端正な人間となっているからだ。そして他方、この世の生を終えてからは、翼を生じて軽快になり、かくして、それこそほんとうの意味でオリンピアの競技ともいえる三番勝負において、その一つを勝ちとったことになる。これにまさる善きものは、人間的な正気も、神のさずける狂気も、けっして人間に対して与えることはできないのだ。

（プラトン『パイドロス』二五六A-B、藤沢令夫訳・一部改）

オリンピックでのレスリング競技は、相手を三回投げ倒すと勝利が確定する。これを喩えとして、知の恋人たる哲学者はそのような生を三回選んで生きとおすならば、他の魂とは別の待遇がえられるという。自身がもといた天上の神々の世界に、早く帰ることができるのである。哲学者として生きた魂は、今一つ勝利をえたのであり、オリンピックでのレスリング選手と同様、三番勝負のうち一つを勝ち取ったことになる。

人生は、オリンピアでの競技のようなものである。だが、人生は一度きりではない。魂の不死という視野では、いわば「三番勝負」として、次の人生をにらんで私たちは生き方を選ばなければならない。哲学者として生きる魂こそ、例外的な栄誉と特別なご褒美をえることができる。哲学はこうして、オリンピック選手というモデルをつうじて新たな生き方を提示する。

ヒッピアスの弁論演示

ソクラテスやプラトンら「哲学者」と呼ばれる人々が社会や人生に批判的な吟味をおこなっていた前五世紀後半から前四世紀にかけて、ギリシア世界でいっそう華やかな活動を展開していた知識人に、弁論術（レトリケ）を専門とする弁論家、そして弁論術や諸知識を教授するソフィストがいる。彼らが運動競技に参加することはなかったが、競技会と深い関わりがあった。その様子をみていこう。

オリンピアの競技会は五日間の日程でおこなわれる。この祭典には全ギリシア、いやそれ以外からも多数の人々が集まってきた。彼らは「聖なる道」を通って祭典前日の昼前にはオリンピアに到着する。そして、その午後は休息や軽い練習などで本番に備えていた。運動選手やその付き添いの人々、それに数多くの観客が集うその地に、弁論家たちもまた集った。おそらくそんな祭典前の一時に、弁論家は人前で演説を披瀝したのであろう（桜井・橋場、前掲書参照）。

「ソフィスト」の名で教育に従事する職業人は、アブデラ出身のプロタゴラス（前四九〇頃〜前四一五頃）が最初であったと伝えられる。そのライバルには、ケオス島出身のプロディコス、シチリア島レオンティノイ出身のゴルギアス（前四八五頃〜前三八〇頃）らがいたが、ヒッピアス（前五世紀後半）もその一人であった。彼の出身地エリスは、オリンピアの聖地に近く、その地を管轄するポリスとして有名であった。プラトンのいくつかの対話篇に登場するこのソフィストは、自分がオリンピア競技会でおこなった演説についてこう語る。

ヒッピアス　オリンピアでのギリシア人の聖なる集いにならい、オリンピア祭の競技があるたびに欠かさず、エリスの家から聖地に赴いて行って、私に演示の用意ができていることなら、相手の望むテーマをなんでも注文なりに語ってみせているし、また希望があればどんな質問にでも答えてみせているというのに、……

ソクラテス　全く恵まれたものだね、ヒッピアス、君が抱いているその気持というのは――オリンピア祭のたびにいつも、知恵の上で、自分の魂にそれほどすばらしい希望を持って聖地に赴くなんてね。それで思うのだが、肉体が売物の競技者で、君がその精神においてそうだと言っているのと同じくらい、臆するところもなく、その肉体を信じきってかの地へ競技に参加すべくやってくる者がいるとしたら、私は驚異を覚えることだろうよ。

ヒッピアス　当然なことだろう、ソクラテス、この私がそのような気持を抱いていても。なにしろ、私がオリンピアで競技に参加し始めてこのかた、どんなことにおいても、この私より勝《まさ》っている者には今まで一人としてお目にかかったことはないのだからね。

（プラトン『ヒッピアス〈小〉』三六三C－三六四A、戸塚七郎訳・一部改）

ヒッピアスがオリンピアの祭典でおこなった「演示〈エピデイクシス〉」とは、ソフィストが得意とする人前での弁論である。とりわけ、その場で与えられた演題に臨機応変に言論を繰り出す即興演説のスタイルが、人々の喝采を受けていた。エリス在住のヒッピアスにとって、四年に一度のオリンピア競技会は自身のテリトリーで催される格好の舞台であった。

ヒッピアスは祖国エリスの外交使節として、折にふれて各国を訪問していたという。それは、オリンピックが平和の祭典として、全ギリシアが参加する特別な行事であったことと無縁ではあるまい。そこを活動の場として集った人々の前で弁論の実力を誇示するのをつねとしたヒッピアスは、得意満面でその機会を迎えていたことであろう。

ソクラテスは彼の自慢に対して、やや皮肉な応答を返している。魂の善さである「知恵」を持参するヒッピアスの営為は、肉体を鍛えあげて競技会に参加する者に比べられる。彼ほどの自信をもって祭典に臨むものは、運動競技の選手では一人もいないだろうと。

ヒッピアスはオリンピアの祭典で演説を披瀝した唯一の弁論家ではなかった。むしろ数多くの弁論家がこの機会にオリンピアの地を来訪し、それぞれが自らの技量を示す好機ととらえていた。ギリシア中から集うオリンピック参加者や観衆を前に、弁論家たちは言論を競演していた。

ゴルギアスの祭典演説

シチリア出身で、ギリシア各地で「弁論術」を教えて名声を博していたゴルギアスも、その機会を最大限に利用した。彼はデルフォイで開催されたピュティア祭でも名演説をおこなったとされ、オリンピアの祭典での演説については、その内容の概略も伝えられる、ゴルギアスを「ソフィスト術の父」とたたえるフィロストラトス(一七〇頃~二五〇頃)は、『ソフィスト伝』でこう報告する。

ゴルギアスがギリシアの全民族祭典でその声明を轟かせた演説のうち、『ピュティア演説』は祭壇上から朗々と説いたもので、これによってデルフォイの神殿に黄金の立像が建立された。『オリンピア演説』は彼の最大関心事を実現するための政治行動であった。ギリシア諸都市の抗争を見て協和（ホモノイア）を勧告したものであり、異民族に目を転じて「干戈《かんか》を交える競技の勝利賞は」友邦ではなく夷狄《いてき》の領土であると説いた。

（フィロストラトス『ソフィスト伝』第一巻九章四節、小池澄夫訳・一部改）

ゴルギアスがこの演説をしたオリンピックは、前四〇八年、または前三九二年という二つの推定がある。もし前者だとすると、ギリシア諸ポリスはペロポネソス戦争（前四三一～前四〇四年）末期の混乱にあり、アテナイの最終的な敗北は遠くなかった。また、後者だとすると、ギリシアはコリントス戦争（前三九五～前三八七年）の最中で、ペロポネソス戦争後に勢力が大きくなっていたスパルタに対して、アテナイ、アルゴス、テバイら反スパルタ連合軍が戦っていた。ペルシアの仲介で「大王の和約」と呼ばれる休戦協定が結ばれるのは、前三八七年のことである。

ゴルギアスが生まれたのが前四八五年頃とすると、前三九二年には九〇歳をこえている計算になる。だが、一一〇歳近くまで頭脳明晰で活動を続けたと伝えられるこのソフィストには、その程度の年齢は自慢にはなっても障害ではなかったのかもしれない。

いずれにせよ、そのような状況でゴルギアスはギリシア人同士の融和と協調を提案した。それは他方で、大国ペルシアへの徹底した対抗を促すものであった。ペルシアはペルシア戦争で二度にわたってギリシア本土に侵攻して撤退したにもかかわらず、その後もポリス同士の対立に介入して、支配や影響力拡大を目論んでいたからである。

アリストテレス(前三八四〜前三二二)は『弁論術』でこの演説について報告している。ゴルギアスはまず、「ギリシア人よ、あなた方は多くの人々に驚嘆されてしかるべきだ」と語り、祭典に集まった人々に称賛を送ったという(第三巻一四章)。「弁論術」には、民会や評議会などで公共の政策を論じる「審議弁論」、法廷で正・不正を論じる「法廷弁論」、そして祭典などで称賛や非難を語る「演示弁論」の三種がある。ゴルギアスの演説は演示弁論のかたちをとりながら、ギリシアの人々に政策決定を促すものであった。

オリンピアの祭典は全ギリシア的な宗教行事であり、休戦が敷かれて全ギリシアがしばし平和を享受する期間であった。ゴルギアスはこの祭典を政治に利用する。これは、祖国レオンティノイを隣国シュラクサイ(シラクサ)に滅ぼされたゴルギアスならではの、平和愛求の姿勢だったのかもしれない。

だがおそらくそれ以上に、知恵をめぐる争いがあった。ゴルギアスは演説のなかでこんな内容を語ったと、アレクサンドリアのクレメンス(一五〇頃〜二一五頃)は伝える。

レオンティノイのゴルギアスによると、闘いには二つの徳、胆力と知恵が要求される。胆力は危険を敢然と引き受けるために、知恵は謎を解くために必要である。なぜなら、言論もオリンピアの競技の宣告と同様、それが呼び出すのは参加を希望する者だが、栄冠を受けるのは力をもつ者だから。

（クレメンス『雑録集』第一巻一一章五一節、小池澄夫訳・一部改）

ゴルギアスにとってオリンピックでの演説は、運動の競技と同様に、知恵の優劣を競う闘いであった。

リュシアスの祭典演説

ゴルギアスらと同時代にアテナイで法廷弁論を代作する職業に従事していたリュシアス（前四四五頃〜前三八〇頃）にも、オリンピックでの演説が報告されている。リュシアスの一家はアテナイで武器製造などの商売を営む「在留外人（メトイコイ）」で、父のケファロス、兄のポレマルコスは大きな財をなしていた。ケファロスはシチリア島の大都市シュラクサイの出身とされ、南イタリアにトゥリオイという新ポリスが建設される際に、ペリクレスに請われてその事業に貢献している。だが、ペロポネソス戦争後に「三十人政権」がアテナイで全権を握ると、ポレマルコスはその財産をねらわれて拘束され、処刑されてしまう。リュシアスはそれに反発して民主派を全面的に支援して、アテナイが民主政に復帰したのちには弁論家としての活動を再開する（この間の事情は、本人の『エラトステネス弾劾』が詳述している）。

リュシアスがオリンピアの祭典にでかけていって演説をおこなったのは、第九八回オリンピックが開催された前三八八年と推定されている。その様子は後世の歴史家シチリアのディオドロス（前一世紀）が報告している。当時、東の大国ペルシアがギリシアに対する影響力を振るい、西のシチリア島ではシュラクサイが他のギリシア人諸ポリスを支配下において勢力を拡大していた。リュシアスは東西の脅威にはさまれて危機におかれているギリシアに警鐘を鳴らし、現状を打開するための提案をおこなったようである。

前一世紀頃の修辞学理論家ハリカルナッソスのディオニュシオスが、その演説の冒頭部を引用している。

市民諸君、ヘラクレスは数多くの偉業ゆえに記憶に留められてしかるべきであるが、なかでも、ギリシア全土のためによかれと考えてこの競技の祭典を創始してギリシア人を一堂に集めた功績はことに大きい。なぜならそれ以前には、ギリシアの諸都市は互いに敵対意識をもっていたからである。そこでヘラクレスは、僭主たちを退けて不法に増長する勢力を阻み、肉体の競技と富の名声の誇示と知力の演示とを、ギリシアで最も美しい場所において開催したのであるが、それはわれらが、こうしたすべての催しを見たり聴いたりするために同じ一つの場所に集うようにとの意図をもってのことであった。かれはこの場所における集いがギリシア人にとって相互の友好の源泉となるであろうと考えたのである。

（リュシアス『オリンピア演説』第一―二節、細井敦子訳・一部改）

リュシアスはオリンピックの由来や意義から語り出す。英雄ヘラクレスがこの競技会を始めたという伝説は、すでにピンダロスの祝勝歌でみたとおりである。全ギリシアが心を一つにして臨むこの祭典は、相敵対するポリスの融和に大きく貢献してきた。英雄伝説にことよせて、対立してたがいに疲弊しがちなギリシア人ポリスに向けて、その理念を謳っている。一つの演説を、具体的な内容からではなく大きな理念から語り出すのは、この時代の「弁論」の定石であった。

リュシアスが注意を向けているのは、とりわけ西ギリシア世界で勢力をましているシュラクサイへの警戒であった。その地をおさめるディオニュシオス一世(前四三二頃~前三六七)は、他人をいっさい信用せずに、文化人を自分の宮廷に集める典型的な僭主であり、独裁者として権勢を振るっていた。ディオニュシオス一世は、シチリア島西部のカルタゴ人勢力に対抗するという点でギリシア人の守り手となると同時に、ギリシア人諸ポリスを統合して支配下においた。それらの住民をシュラクサイに移住させたことで、シチリアの多くのギリシア人ポリスが荒廃してしまった(この状況は、のちに彼の息子ディオニュシオス二世の教育のためにシュラクサイを訪問するプラトンの『第七書簡』からわかる)。リュシアスの父ケファロスはシュラクサイの出身であり、一家が拠点とする南イタリアがディオニュシオス一世の圧力を受けたこともあり、リュシアスは反僭主の立場に立って演説したのであろう。

ヘラクレスはオリンピックを創始することで「僭主たちを退けて不法に増長する勢力を阻」んだという。時代を二重写しにするこの表現は、当代の「僭主」排除に向けられている。ディオニュシオス一世の支配からシチリアを解放すべきだという主張は、このオリンピアの場で、リアルで劇的な効果をもつ。というのは、そのディオニュシオス一世は、使節団をシチリアから派遣し豪勢な幕舎をしつらえていたからである。僭主や王侯貴族はオリンピアの競技会に乗り込み、戦車競技などに参加して栄誉を受けることを楽しみにしていた。リュシアスはディオニュシオス一世一行（本人はいなかったであろうが）の近くで、この弾劾演説をおこなったのである。

リュシアスは「肉体の競技と富の名声の誇示と知力の演示とを」と語ることで、この祭典が運動競技を誇るだけのものではなく、ディオニュシオス一世のように名誉心や富の誇示をおこなう場でもあり、またリュシアス自身のように知恵を披瀝する場であることを強調している。

イソクラテスの民族祭典演説

ヒッピアス、ゴルギアス、リュシアスといった当代を代表する弁論家たちのほかにも、「民族祭典」と呼ばれるオリンピアや他の地で開かれる全ギリシア的祭典を絶好の機会ととらえて、そこで演説を披瀝する弁論家はあとを絶たなかったようである。ゴルギアスの弟子であり、ヒッピアスの女婿であったアテナイの弁論教師イソクラテス（前四三六〜前三三八、図5）も、この場に向けて渾身の傑作を制作した。その作品『民族祭典演説（パネギュリコス）』の冒頭部にはこうある。

幾度となく私は、はじめて民族祭典を招集し競技会を開設した人びとに驚きを禁じえなかった。彼らは、肉体の成し遂げた業績にはかくも大いなる贈り物を至当としながら、ひるがえって市井において公共のために腐心し、またその精神〔魂〕を涵養して世を益する力をもつまでに至った人びとには、何の栄誉も分かとうともしない。けだし、彼らはこの人びとをこそ厚く遇してしかるべきではないか。なぜなら、競技者がおのおの体力を二倍にして束になったところで他を裨益するところが増大するわけではないが、思慮に秀でた人はただ一人現われるだけで、その精神のはたらきに与ろうとする人のすべてが益を受けるからである。さりながら、私はかかる現状に落胆して拱手傍観するものではない。むしろ褒賞は、この演説がもたらすであろう名声で十分に満足し、外敵〔ペルシア〕に対する戦争とわれわれ内部の協和〔ホモノイア〕について勧告するために、ここへ来たのである。

（イソクラテス『民族祭典演説』第一―三節、小池澄夫訳・一部改）

この演説は、前三八〇年の第一〇〇回オリンピックを舞台にすると伝えられる。実際には、イソクラテスが人々の前で演説したのではなく、代読、あるいは書き物のかたちで流布したものであろう〔廣川洋一『イソクラテスの修辞学校』講談社学術文庫、二〇〇五年参照〕。イソクラテスは身体的に声が弱く、人前で朗々と演説

図5　イソクラテス彫像

する技量に欠けていた。師にあたるゴルギアスやヒッピアスのように、祭典で堂々と弁舌することができないことは、弁論家として致命的にも思われた。だが、イソクラテスは「書き物」としてねりあげた言論作品を流布させるという別のやり方をとる。彼がアテナイで開いた修辞学校では多くの有能な若者が弁論術を学んだが、それと並行してイソクラテスはモデルとなる多数の弁論作品を書いて発表した。『民族祭典演説』はそのなかでもっとも傑出した作品と目される。

イソクラテスがこの弁論作品を構想したのは、発表に先だつ一〇年以上前のこととされている。それはゴルギアスがオリンピアの祭典でおこなったギリシア人の「協和」を訴える演説(前三九二年?)を受けてのことかもしれない。アリストテレスは『弁論術』で両者の演説の序論を比較している。ゴルギアスは人々の称賛から、イソクラテスは非難から始めたという対比である(第三巻一四章)。イソクラテスはしばしばゴルギアスに対抗して作品をつくっている。これらのオリンピアでの演説は、時代を隔てた二大弁論家の競演であった。

時宜に則した即興演説を売り物にしたゴルギアスら従来の弁論家とは異なり、イソクラテスは長い年月をかけて言辞を推敲し、修辞技法を駆使し彫琢した「書き物」の弁論作品として人々に提示する(納富信留『ソフィストとは誰か?』ちくま学芸文庫、二〇〇六年、第八章参照)。それゆえ、彼の『民族祭典演説』は、オリンピックを舞台に設定した演説とはいえ、より長い射程での政治演説、文芸作品となっている。こうしてオリンピックは、弁論作品をつうじ、平和と文化の象徴として西洋文明に語り継がれていく。

哲学の反オリンピック性

これまでの考察を受けて、古代の哲学から現代のオリンピックを再考する視座を探ろう。私たちはこれからオリンピックにどう関わっていくべきなのか。オリンピック理念の発祥の地とされる古代ギリシアは、私たちに何かの方向を示してくれるかもしれない。

これまで詩人や哲学者や弁論家たちのオリンピックへの関わりをみてきた。一方で、クセノファネスやソクラテスら哲学者による運動選手への批判があり、他方で、その運動競技の祭典を言論演示の舞台として活躍する弁論家たちがいる。哲学と弁論の対抗において、オリンピックは弁論術により親近的にみえる。ここではまず、弁論術のオリンピック性を考えよう。

弁論家やソフィストの知的競演は、ギリシア人の特徴である「競争(アゴン)」精神の発揮である。運動選手が四年に一度の競技で勝敗を決するように、弁論家も言論の優劣で勝負する。演説のおもなテーマは、オリンピアの祭典を場として観客に訴える政治理念であり、平和協栄や異国との対抗への勧告であった。だが、彼らはそういった真剣な政治的意図とともに、自身の弁論術を宣伝しライバルに対抗する意図を明瞭にもっていた。弁論術は、いわば運動競技の言論(ロゴス)版なのである。

言論を語る術である弁論術は、時宜(カイロス)を追求する。全ギリシアから競技者や関係者や観客が集うオリンピックは、弁論家にとって絶好の場であり、そこで彼らはもっとも時宜にかなった話題と言葉を人々に提示する。祭典で繰り出される演示弁論は、政治や文化や生き方をめぐって称賛や非難をおこない、聴衆にさまざまな感情、とりわけ悦《よろこ》びを惹起する。それは言論の力の発揮であり、弁論術は基本的にオリンピック的な営みといえる。

それに対して、哲学は非オリンピック的、あるいは反オリンピック的な性格をもつ。哲学がソフィストや弁論術を厳しく批判し、それらを自らから峻別しようとするのは、「美しさ」や「徳（アレテ）」をめぐる根本的な対立による。哲学、すなわち知への愛（フィロソフィア）は、弁論術が追求する栄誉、つまり名誉への愛（フィロティミア）や勝利への愛（フィロニキア）に対立する。その対立は、魂と肉体、知恵と健康、内面と外見といった対比軸で展開される。また、哲学が憧れる永遠性や不死なる神性は、弁論術が関わる現実、この一瞬の悦楽、死すべき人間の立場と対照的である。

哲学者たちが批判したように、オリンピックは、神々への祭典として開催されながらも肉体の力で勝利や栄光を競うことで、ややもすると人生や社会の価値観を歪める危険性をはらんでいた。その意味でオリンピアでの競技は、哲学にとって、人生の「幸せ」を考えるうえで格好のモデルとなると同時に、まさにその点で否定されるべき存在であった。

では、オリンピック哲学の創設に向けて私たちは何をめざすべきか。今みたように、オリンピックと哲学とは単純に結びつけられるものではなく、一種の緊張関係にある。オリンピックが哲学の批判と真摯に向き合い、真に生き方と価値を追求する機会になるのなら、オリンピズムという理念を人類は実現するかもしれない。

だが、現代に復活しているオリンピックは、古代哲学からの批判に耐えられるものではない。いや、コマーシャリズムやナショナリズムの諸問題、選手個々人の生き方やそれを称揚する社会のあり方についても、哲学からの批判はよりいっそう深刻にあてはまるようにみえる。つまり、現在オリンピックは「善き生き方」のモデルを示してはいないのである。この点を根本から反省して改善しないかぎり、オリンピックは人間の欲望をあおり、幸せな気分だけをもたらして生を堕落させる巨大なお祭りにすぎなくなる。

図6　プラトン彫像

他方で、哲学そのものの可能性も、オリンピックとの関係で試されるはずである。哲学という知的営みは無時間的な普遍性や一般性に関わるとされるが、それがこの現実、現在の世界にどう関わるのかが問われるからである。これは、哲学と個別性や一回性との関係という根本的な問いとなる。「一期一会」や「かけがえのなさ」や「時宜」といった現実への関わりを、哲学はどのように実現していくのか。これが「オリンピックの哲学」という問いである。

魂の配慮としてのオリンピズム

最後に、運動競技会としてのオリンピックの意義を再考するため、肉体の訓練をどう位置づけるべきかを、ソクラテスとプラトンの哲学からみていこう。

言論によって理想的なポリスを建設する『ポリテイア』で、ソクラテスと対話相手は、やがて守護者になるべき子どもたちの初等教育を「文芸〈ムシケ〉」と「体育〈ギュムナシケ〉」の二本立てで論じていく。これは、当時のアテナイで子弟に与えられていた「音楽〈ムシケ〉」、「体育」、「読み書き〈グランマティケ〉」の三本立ての教育システムを整備したものであった。「文字〈グランマタ〉」の読み書きを習得する基礎教育は、詩を素材とする「文芸」に吸収されている。では、文芸と体育の関係はどうなっているのか。ソクラテスはまずこう語る。

ぼくの見るところでは、肉体は、それがすぐれた肉体であっても、自分のその卓越性〈アレテ〉によって魂をすぐれた魂にするというものではなく、むしろ反対に、すぐれた魂がみずからのその卓越性によって、肉体をできるだけすぐれたものにするものなのだ。

（プラトン『ポリテイア〈国家〉』第三巻四〇三D、藤沢令夫訳・一部改）

肉体の善さは魂の善さに依拠する。前者を独立に追求することはできない。では、体育はいったい何をめざすのか。初等教育の柱をなす「文芸、体育」は基本的には「魂、肉体」を対象とする訓練とみなされるが、それらは二つの独立した教育ではなく、あいまって魂を優れたものにし、徳・卓越性を備えさせる課程である。その一体性の根拠を、ソクラテスは次のように説明する。

こうして、どうやらこれら二つのもののために、ある神が二つの技術を人間に与えたもうたのだと、ぼくとしては主張したい。すなわち、気概的な要素と知を愛する要素のために、文芸と体育とをね。これらはけっして、魂と肉体のために——副次的な効果は別として——与えられたのではなく、いま言った二つの要素のために、それらが適切な程度まで締められたり弛められたりすることによって、互いに調和し合うようにと与えられたものなのだ。

（プラトン『ポリテイア〈国家〉』第三巻四一一E-四一二A、藤沢令夫訳・一部改）

この発言は私たちの常識を覆す。体育は肉体を鍛えて善くするためのものではない。それは、魂のバランスを育成しそれをより善くするためのものである。つまり、魂のなかの理知的な部分と気概的な部分を涵養して魂全体の秩序を整え、欲望をコントロールする態勢を打ち立てるために、文芸と体育の両教育が必要なのである。文芸は魂を柔和につくりあげながら、体育はそれを厳しく鍛え引き締める。ここで、いわば心身の一体性において「魂（精神、心、プシュケ）」が育てられる。

この見方は一見私たちの常識と異なるが、オリンピックという運動競技会を考えるうえで重要な視座となる。肉体をただそれ自体として鍛え、その能力を競うことに意味はない。肉体のみに目を向けると、その欲望はかえって勝利至上主義や過度の名誉追求となり、人生や社会を歪めてしまう。ドーピングによって肉体そのものを破壊するという矛盾さえ生じる。その陥穽《かんせい》を排しながら、健全な体育教育は、魂の調和においてより善い生き方を実現するためにおこなわれるのである。それは、嘉納治五郎が「三育主義」として示した「智育、徳育、体育」のバランスを実現する教育哲学である。

そして、若いころから文芸や哲学を学んでいくためには、専門研究で優れた哲学者や文学者が人々を導いていく必要がある。同様に、一般の体育教育を文化として発展させるために、世界から一流のアスリートが集ってその技を競うオリンピックなどの競技大会が必要となるのである。

魂を肉体の基盤におく見方は、『カルミデス』では病気の治療として語られる。ソクラテスは、北方の戦地でトラキアの医者から学んだ話をする。

そのトラキア人はこう言った。「ザルモクシスは、われわれの王であり、神なのだが、こう語っている。ちょうど頭なしに目を、肉体なしに頭を治療するよう試みるべきではないように、肉体も魂なしに治療を試みるべきではない。これがギリシア人の医者たちから多くの病気が免れてしまう原因なのだ。というのは、配慮されるべき全体を知らないからだ。立派な状態にないものの部分が善い状態にあることは、不可能だというのに。そういうのは、肉体についても人間全体についても、悪しきものと善きもののすべてが魂から発出するのであり、そこから、ちょうど頭から目へと同様に流れ出るのだ」と。それゆえ、かのもの[魂]を最初にとりわけ世話しなければならない。もし頭のことや他の肉体のことを立派な状態にしようとするのなら。

（プラトン『カルミデス』一五六D–一五七A、納富信留訳）

肉体を世話したり治療したりすることは、私自身の全体としての魂を世話するという問題である。その「魂の配慮」こそ、ソクラテスが生涯従事した哲学であった。彼は裁判の壇上でこう語っている。

アテナイの皆さん、私はあなた方をこよなく愛し、親しみを感じています。ですが、私はあなた方よりもむしろ神に従います。息のつづく限り、私は知を愛することをやめませんし、あなた方のだれかに出会うたびに、勧告し指摘することをけっしてやめはしないでしょう。いつものように、こう言うのです。

「世にも優れた人よ。あなたは、知恵においても力においてももっとも偉大でもっとも評判の高いこのポリス・アテナイの人でありながら、恥ずかしくないのですか。金銭ができるだけ多くなるようにと配慮し、評判や名誉を配慮しながら、知恵や真理や、魂というものができるだけ善くなるようにと配慮せず、考慮もしないとは」と。

（プラトン『ソクラテスの弁明』二九D-E、納富信留訳）

魂の配慮との対比で、肉体の配慮、つまり名誉や金銭や健康などにとらわれて生きる私たちの通常の生き方が退けられる。この明瞭な意識をもって、私たちはあらためて肉体の訓練や競技の意義を問うべきであろう。プラトンのいわゆる「心身二元論」は、肉体を軽視、あるいは無視しているといわれることもある。だがそれは、私たちが「配慮」を向ける生の方向を問題としている。すでにみたように、魂への配慮なしに肉体だけをみる者は生の価値を見損なってしまう。他方で、この人生において私たちは、肉体やその訓練なしに生きることもできない。それは「魂」のために必要なのである。

オリンピックの哲学はどのようにすれば実現可能なのか。そこでは、プラトンが追求した「美への愛（エロス）」や「理想（イデア）」への関わりが鍵となるはずである。運動競技を中心とする現代のオリンピックも、肉体能力の可能性を追求し誇示するだけではなく、人間の生における「美」や「理想」を追求する共同の場として、私たち一人ひとりの「魂」の涵養をめざすべきであろう。ここに「魂の配慮」という哲学の実践としての「オリンピック」の可能性がある。

「オリンピズム」という哲学理念の可能性は、それにどんな実質を付与するかにかかっている。オリンピックの哲学を考え、自らのオリンピック運動をつくっていくのは、私たち自身の責務である。

第3章 オリンピックと芸術

ビジュアルな古代ギリシア

飯塚隆

オリンピアのゼウス像

古代オリンピックの最後の開催から約一五〇〇年後の一八九六年、アテネでオリンピックが復活した。その第一回近代オリンピックの優勝メダルが図1である。このメダルには、古代オリンピックの精神が浮彫の肖像によって端的に表現されている。肖像は、古代ローマ時代の座像をモデルにしてつくられた(図2)。左手に雷、右手に錫杖《しゃくじょう》をもっていることから、座像はギリシアの最高神ゼウスをあらわしていることがわかるが、この座像自体のモデルとなったのが、「古代の世界の七不思議」の一つ《オリンピアのゼウス像》である。古代オリンピックの開催地であるオリンピアは、ゼウスを祀《まつ》るための神域だった。したがって、神域でおこなわれる運動競技は宗教的儀式の一部であり、選手が競い合ったのは何よりもまず神のためだった。第一回近代オリンピックの優勝メダルに刻まれたオリンピアのゼウスには、まさにこの古代オリンピックの神髄が象徴されているのである。

オリンピアのゼウス像は、彫刻家フェイディアス（活動期前四六〇頃〜前四三〇頃）によって前五世紀に制作された。黄金と象牙でつくられ、座像にもかかわらず高さが一二メートル以上にもおよんだゼウス像は、神域の象徴であるゼウス神殿に祀られていたが、もはや跡形もなく消え失せている。しかし幸いにも、ゼウス像を描写した古代の文献と、彫像の外観をあらわした古代の遺物が現代に伝わっている。もっとも重要な古代文献は、パウサニアスによって著された『ギリシア案内記』（一六〇頃〜一八〇頃）である。これはギリシア本土各地の名所旧跡にパウサニアスが自ら足を運んで書き記した、かけがえのない歴史資料だ。案内記は全一〇巻からなるが、そのなかの二巻がオリンピアに割り当てられている。アテナイ（アテネ）ですら一巻しか当てられていないことを考慮すれば、オリンピアが古代ギリシア人にとっていかに重要な場所であったかがわかるだろう。

パウサニアスがオリンピアを訪れたのは、二世紀後半、世の中がいわゆるローマ五賢帝による平和を謳歌した時代だった。記述の対象は広範にわたる。建築全体の概要を語り、数々の運動選手の彫像を描写し、台座の碑文を記録している。そのなかでもとりわけ詳細に語られているのが、フェイディアスの名作ゼウス像だ。外観は以下のように伝えられている。「神は玉座に座り、黄金と象牙で作られ、オリーブの冠を戴く。右手には黄金象牙製のニケの像を載せている。左手には、さまざまな金属

図1　第1回近代オリンピックの優勝メダル

図2　ゼウス小像

図3　133年発行の硬貨

図4　オリンピアのゼウス像

が嵌め込まれた王笏《おうしゃく》をたずさえている。王笏の頂部は、鷲で飾られている。履物も衣服も、黄金であらわされている……」。

一方、古代遺物のなかでは、一三三年、オリンピックを主催する町エリスで、第二二八回オリンピックを記念して発行された硬貨が重要である(図3)。当時ローマ帝国をおさめていたハドリアヌス帝(在位一一七〜一三八)をあらわすこの硬貨には、裏面にオリンピアのゼウス像が側面観で描かれているが、彫像の細部がパウサニアスの記述と合致している。以上のような古代文献と古代遺物の情報から、第一回近代オリンピックの優勝メダルの肖像が、オリンピアのゼウス像に由来することがわかるのである(図4)。

フェイディアスがゼウス像の制作を始めたのは、前四三八年だった。一方、彫像がおかれたゼウス神殿は、すでにその二〇年ほど前に落成していた。仕事にすぐ着手できなかったのは、フェイディアスがそのころ《アテナ・パルテノス像》の制作にかかりきりだったからだ。アテナ・パルテノス像は、アテナイのアクロポリスに建つパルテノン神殿のご本尊で、オリンピアのゼウス像と同じく、巨大な黄金象牙像(高さ一二メートル以上の立像)だった。前四三八年にアテナ・パルテノス像の完成をみたのち、フェイディアスはようやくオリンピアに赴くが、そこでは、作品制作に向けた万全の体制が整えられていた。莫大な資金と十分な人手に加え、ゼウス像制作のための専用の工房である「フェイディアスの仕事場」が設けられたのである。工房はゼウス神殿の西方に位置していたが、その遺構から、フェイディアスの活動の一端を伝える貴重な遺物が出土している。それは地味な陶器の杯であるが、底の部分に次のような銘が刻まれていた――「私はフェイディアスのもの」。ここでの「私」は、杯を示す。その杯に、フェイディアスの唇がふれたかと思うと、わくわくせずにはいられない。

古代文献には、フェイディアスの彫像は大きすぎて、ゼウスが立ったら天井に頭をぶつけてしまうだろう、というような皮肉もみられる。たしかに、オリンピアのゼウスが立像だったら、前述のアテナイのアテナ・パルテノス像よりもずっと大きくなる。しかし、像の巨大さが、黄金と象牙を用いる大きな理由の一つでもあった。例えば、もし像が大理石だったなら、自重で石が割れてしまうだろう。巨大だからこそ、骨格は木材で構成し、表面を黄金と象牙で飾ったのだ。

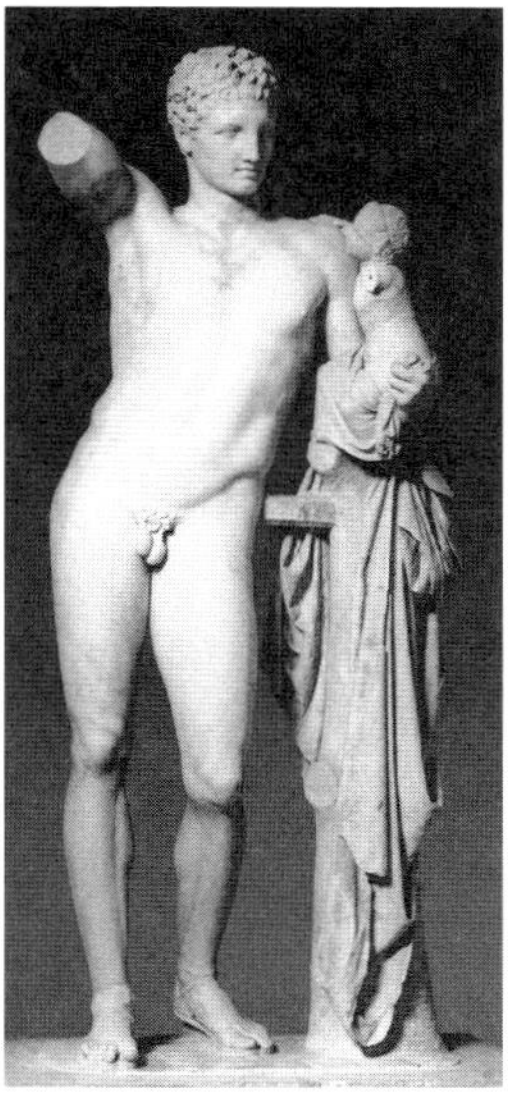
図5　幼児ディオニュソスを抱くヘルメス

アテナ・パルテノス像には、早くも前三世紀の初頭、黄金が像から剝ぎ取られるという事件が起こっている。一方、ゼウス像は、アテナ・パルテノス像と比べると安泰だった。彫像の誕生から約八〇〇年後、オリンピックが終焉を迎える三九三年の一〇年ほど前まで、ゼウス像はオリンピアにあったことがわかっている。その後、彫像はコンスタンティノープル（現イスタンブル）へ移された。その東ローマ帝国の新たな都で、ゼウス像は皇帝テオドシウス二世（在位四〇八〜四五〇）の侍従長だったラウススという人物のコレクションとなるが、ついに四七五年、火災によって焼失したと伝えられている。なお、オリンピアには後述する名匠プラクシテレス（活動期前三七〇頃〜前三三〇頃）の《幼児ディオニュソスを抱くヘルメス》（図5）が現存するが、ラウススのコレクションには、プラクシテレスのもう一つの名作《クニドスのアフロディテ》の彫像が含まれていたという。

オリンピック創生神話

オリンピアの遺跡は、イオニア海にほど近いペロポネソス半島の西部に位置している。現在、遺跡はイオニア海から十数キロ内陸にあるが、古代の海岸線はもう少し遠くに位置していた。遺跡の北側には松や灌木で覆われたクロノスの丘があり、南側にはパウサニアスが「心地よい大河」と称したアルフェイオス川が滔々と流れている。ペロポネソス半島最長の川であるアルフェイオス川は、半島中部のアルカディア県に源を発して山々の間をくだり、やがて広々とした谷間に出たところで北から南下する小さなクラデオス川と合流する。オリンピアの神域は、このクラデオス川とアルフェイオス川、そしてクロノスの丘に囲まれた場所に広がっている。神域は現在のアルヘア・オリンピアという町にあるが、古代のオリンピアは都市国家ではなかった。そこは立案する法律もなければ発行する貨幣もない一つの神域で、上述の何十キロか離れたところにあるエリスの町によって管理されていた。

神域の中心は、ゼウスの聖域アルティスだ。元来「聖なる森」を意味するアルティスには、英雄ヘラクレスが北の最果ての国ヒュペルボレオスから運んできたという伝説のオリーブの木が植えられていた。このオリーブの木の枝からつくられたのが、オリンピックの勝者に与えられる冠だ。オリンピック創生期のアルティスは、塀で囲まれた場所にゼウスをはじめとする神々の祭壇がいくつかおかれただけの簡素な場所だった。その後、オリンピックの人気と重要性の高まりにともなって、アルティスはさまざまな建物で占められるようになる。前五〇〇年頃までに、後述するヘラ神殿や迎賓館（プリュタネイオン）が建てられ、前五世紀の前半には、ついに神域最大のモニュメントであるゼウス神殿が建設された（一七頁、図2および二七頁、図14参照）。

ゼウス像が安置されていたゼウス神殿は、建物自体がみごとな彫刻で飾られていた。神殿のメトープ（列柱の上に載る水平な帯状装飾の一部分）の浮彫の一つには、オリンピックの起源と深い関わりをもつ神話があらわされている（図6）。それはヘラクレスの十二の功業の一つで、エリスの王アウゲイアスの家畜小屋を掃除するという屈辱的な難行だった。ヘラクレスはこの作業を、近くのアルフェイオス川の流れを変えて小屋に川の水を引き入れることで一気に片付ける。しかし、アウゲイアスが約束したはずの報酬を与えるのを拒んだため、ヘラクレスはエリスを略奪する。そして前五世紀のピンダロスのオリンピックの祝勝歌によれば、「のちにヘラクレスはエリス征服でえた戦利品をオリンピアで祀られていたゼウスに奉納し、オリンピックを創始した」のである。

ゼウス神殿の東側の破風《はふ》彫刻（切妻屋根の三角部分を飾る彫刻）は、オリンピックの起源に関するもう一つの伝説をあらわしている（図7）。中央のひときわ大きいゼウス神の両隣に立つのは、英雄ペロプス、およびオリンピアにほど近いピサの国王オイノマオスである。両者は今まさに命運を決する戦車競技を始めようとしている。ペロプスは相手の御者を買収してオイノマオスに勝利すると、王女ヒッポダメイアを娶《めと》るとともにピサの実権を掌握し、半島全域は「ペロプスの島」を意味するペロポネソスと呼ばれるようになった。そしてペロプスが勝利したこの戦車競技が、オリンピックの起源となったのである。

オリンピックの創始にまつわる神話は、まだほかにもある。ヘラクレスには、上述のアウゲイアスの家畜小屋での功業のほかに、もう一つ別の言い伝えがある。ゼウスの父クロノスは、自分の子どもによって支配権を奪われるという予言をおそれ、妻レアが産み落とす赤ん坊を次々と飲み込んだ。そのためゼウスが生まれたとき、レアは密かにクレタ島のイダ山中に赤子のゼウスを隠し、彼の世話を五人の精霊ダクテュロイに託した。そのなかの一人がヘラクレスで、彼は幼児ゼウスを慰めるため、ほかのダクテュロイたちと一緒にオリンピアに連れて行き、そこではじめて競技会を開いたという。そこで勝者にヘラクレスが与えたのが、オリーブの冠だった。

あるいは、競技会の発祥にはゼウス自身が直接関与したという神話もある。ゼウスが上述の父クロノスと戦って勝利し、それを記念して競技会を催したというものだ。クロノスは、オリンピアの神域

図6　アウゲイアスの家畜小屋の掃除

図7　左からオイノマオス，ゼウス，ペロプス

図8　アポロン像

図9　ペロプス

を北側から見下ろしている「クロノスの丘」の名称にもなっている。その競技会ではアポロンが活躍した。徒競走では伝令の神ヘルメスをくだし、ボクシングでは戦いの神アレスを倒したという。このようなアポロンの卓越した力は、オリンピアの博物館に所蔵されているアポロンの彫刻にはっきりとみてとれる(図8)。このアポロン像は、ゼウス神殿の西側破風の中央におかれていた。一方、反対側の東側破風彫刻の中央に陣取っていたのが、前述のペロプスとオイノマオスの間に立つゼウスだった。

以上は、神話が伝えるオリンピック創始者の一部だが、この話を始めるときりがない。ローマ帝国が創建されたころに活躍したストラボン(前六三頃〜前二三頃)は、『地理書』のなかですでにこういっている——「オリンピック発祥にまつわるさまざまな言い伝えは、聞き流したほうがよい」。

ペロピオンとゼウス神殿

オリンピアにとってヘラクレスとペロプスがいかに重要であるかは、両者の神話が、神域でもっとも壮大なゼウス神殿の建築彫刻によってあらわされていることから明らかである。とりわけペロプスは、オリンピアにおける存在感が大きい。もともとペロプスは小アジア地方(現在のトルコ)に深いゆかりがあるが、「ペロポネソス」の名の由来からも明らかなように、この地域が彼の本拠地だった。パウサニアスによれば、ギリシア人にとってゼウスが最大の神であるように、オリンピアを主催するエリス人にとってペロプスは最大の英雄だった。また、ピンダロスは代表作であるオリンピア祝勝歌でペロプスの戦車競技を高らかに謳っている。さらにこの競技を描いた壺絵のなかには、ピンダロスの詩とゼウス神殿の破風彫刻よりも古い例が現存している(図9)。前五〇〇年頃にアッティカ地方で描かれたこの作品は、ペロプスが戦車に乗り、オイノマオスが祭壇に犠牲を捧げる場面をあらわす。戦車の馬はみごとな翼をもっているが、これは「ポセイドンが有翼の馬を与えた」というピンダロスの歌と合致する。さらにパウサニアスによれば、前六世紀前半にコリントスの僭主キュプセロスの子孫がオリンピアに奉納した木箱に、ペロプスの戦車競技があらわされていた。したがって、ペロプスとオイノマオスの戦いの伝説は、すでに前六世紀には古代ギリシアでよく知られていたことがわかる。

では、オリンピアでのペロプスの信仰は、いつごろから始まったのだろうか。もしかするとペロプスは、ゼウスよりも早くオリンピアで崇められていたのだろうか。神域のなかでペロプスの重要性を決定づけている遺構は、ゼウス神殿だけではない。オリンピアには、ペロプスを祀る「ペロピオン」が、アルティスの中核である「ゼウスの大祭壇」の近くに存在する。現存するペロピオンには五角形の壁の基礎が残っていて、「切石で囲まれていた」というパウサニアスの証言と矛盾しないが、この遺構は前四世紀に年代づけられるので、オリンピックの発祥より時代がずっとくだる。いったい、遺構のあるこの場所でペロプスが祀られるようになったのはいつごろなのか。

この問いを解く鍵は、アルティスに広がる黒土の層にある。発掘調査によって、黒土は灰であり、黒土層のなかにはおびただしい数のブロンズ小像と陶器断片が含まれていることがわかった。そして黒土層が広がるエリアのなかにゼウスの大祭壇があったことから、黒土はもともと、この祭壇に積み上げられた灰だったと推測できる。注目すべきは、黒土層がペロピオンの遺構の内側にも外側にも存在するという事実である。もし、灰がペロプスに捧げられていた既存の場所にばら撒かれたとするならば、それは明らかに神聖な場所をないがしろにする行為である。したがって、灰が撒かれたときにペロピオンはまだなかった、つまり、ペロプスはゼウスよりものちに信仰されるようになったのであり、オリンピアは最初からゼウスの神域だったと結論できるのである。そしてゼウスの祭祀が始まったのは、黒土層の出土物のもっとも古い年代である前十世紀以降だ。

ところで、そもそもゼウスの大祭壇が改修されたのはなぜなのだろうか。発掘調査によれば、祭壇が壊された原因は戦争ではない。だとすれば、神域の再構築をもたらすような新たな信仰の始まりが想定され、まさにそれがペロプスだったと考えられるのである。黒土層の形成は、前七世紀前半に年代づけられている。以上の考古学の見解によれば、オリンピアでペロプスが重視されるようになるのは、オリンピックが始まったとされる前七七六年から、およそ一〇〇年後ということになる。

オリンピアの神域でもっともモニュメンタルな建築物であるゼウス神殿は、今日、完全に倒壊し、古《いにしえ》の姿を想像するのは難しい。とはいえ、神殿の土台の周りに崩れ落ちている柱の数々は、いまだに異様な迫力を感じさせる。倒れたドミノのように折りかさなる柱のドラムは――一本の柱はいくつものドラムを積み木のようにかさねてつくられていた――一つだけで大人の身体をはるかに上回り、神殿の巨大さを物語っている(図10)。

かつてのゼウス神殿の外観を知るためには、南イタリアに目を向ける必要がある。手がかりとなるのは、ナポリの南約一〇〇キロに位置するパエストゥムの遺跡である。かつてパエストゥムは、ポセイドニアという名の古代ギリシアの植民都市だったが、のちに古代ローマに征服されたため、町はパエストゥムと呼ばれるようになった。この遺跡に現存する三つのみごとなギリシア神殿は、ポセイドニア時代の遺産である。そのうちの一つポセイドン神殿(図11)は、保存状態が大変良い。パエストゥムをはじめとして、かつて古代ギリシアの一部であったイタリア半島南部とシチリアには、保存状態が良好なギリシア神殿がたくさん残っている。もしも現代人のわれわれがギリシア神殿を満喫しようと思うなら、向かうべきはギリシアではなくイタリアである。

オリンピアのゼウス神殿とパエストゥムのポセイドン神殿は、前五世紀の第2・四半期に建設されたドーリス式の神殿である。ドーリス式のいちばんの特徴は、柱が柱礎なしでじかに基壇に載り、柱頭がエキノス(皿のような形の石)とアバクス(平たい真四角の石)で構成される点にある。そして、前五世紀前半のドーリス式の特徴としては、神殿正面に六本の柱が並び、柱の高さに対して柱の直径の比率が高く、かつ柱の直径に対して柱頭の幅が大きいことがあげられる。結果的に神殿は、非常にどっしりとした重厚な外観を呈することになる。パエストゥムのポセイドン神殿は、このような性質をすべて兼ね備えている。実際には、オリンピアのゼウス神殿が当時のギリシア世界の神殿の規範だったのであり、だからこそ保存状態の良いポセイドン神殿が、ゼウス神殿を知るための貴重な情報源となるのである。

ヘラ神殿とプリュタネイオン

オリンピアに最初に建てられた神殿は、ゼウス神殿ではなくゼウスの后ヘラの神殿だった(図12)。ヘラ神殿の建設年代は前六世紀初頭に遡り、ギリシア最古の神殿の一つに数えられている。現在、ヘラ神殿には石の柱が何本か立っているが、建設当初、柱は木製で、時代の経過とともに石の柱に取り替えられた。二世紀後半にオリンピアを訪れたパウサニアスは、ヘラ神殿の後室に一本だけ木の柱が残っていることを伝えている。しかし、ヘラ神殿に関するパウサニアスの記録のなかでわれわれをもっとも驚かせるのは、神室でプラクシテレスの傑作《幼児ディオニュソスを抱くヘルメス》(一〇九頁図5)を見たという証言だ。なぜなら、十九世紀後半に、まさにその場所からパウサニアスの描写と合致するヘルメス像が発見されたからである。記述中の「像はあとになって奉納された」という文言もあいまって、彫像がプラクシテレスのオリジナルか否かという大論争が巻き起こった。いずれにせよ、かつてオリンピアに来た古代人が、かならずゼウス像が祀られた神殿にお参りしたように、今日、遺跡を訪れる人々は、ヘルメス像が展示されているオリンピアの博物館にかならず足を運ぶ。ヘラ神殿で出土した彫刻には、もう一つ、パウサニアスの証言と結びつく作品がある。それは「玉座に座る

図10　ゼウス神殿の柱

図11　ポセイドン神殿

図12　ヘラ神殿

図13　ヘラ頭部像

ヘラの神像」である。発見されたのは女神ヘラの頭部のみだが、それだけで五〇センチ以上の高さがあるので、もとの座像はかなり巨大だったはずだ(図13)。とくに注目に値するのは作品の制作年代で、前五九〇年頃、つまり、ヘラ神殿の建立と同時期である。こちらはまぎれもなくギリシア彫刻のオリジナル作品であり、現地博物館の至宝の一つに数えられている。

ヘラ神殿の右手後方、つまり神殿の北西に迎賓館(プリュタネイオン)の遺構がある。プリュタネイオンは、今日、遺跡にはいって最初に出会うアルティス内の遺構であるが、パウサニアスが伝えるように、アルティスの入り口は、古代でもこの建物のすぐ近くにあった。建設年代は前五世紀初頭で、その後三回、建築プランが大きく変化している。その間、方形の平面プランを基本としながら、南北方向は約一二メートルから約三三メートルまで拡張された。一方、東西方向に関しては、東端の場所が確認されていない。

市庁舎のような機能をはたしていたプリュタネイオンはギリシアの都市にかならず見られる施設だったが、エリスはその建設地として、町中ではなくオリンピアの神域を選んでいる。それはエリスにとって重要な意味をもっていた。プリュタネイオンには女神ヘスティアの炉が備わっているが、そこでは日夜絶えることなく火が燃え続けていた。その永遠の火はいわばポリスの生命の象徴であり、例えばギリシア人が植民する際には、母市から植民市へ、ヘスティアの炉の火が移されたという。このようなポリスのシンボル的な施設をオリンピアにおくことによって、エリスは祭典の主催者としての権威を高め、神域の支配権を強調し、エリスとオリンピアの不可分な関係を顕示したのである。そして祭典の最後には、駄目押しするかのように訪問者を大勢プリュタネイオンにまねいて祝宴を催した。

ところで、ヘスティアの炉の火に関連すると思われる現代オリンピックの慣例的なイベントがある。聖火リレーだ。ヘラ神殿の前で採火し、オリンピアから開催地まで、松明《たいまつ》をバトン代わりに途方もない距離をリレーする。聖火リレーが導入されたのは、一九三六年のベルリン・オリンピックだった。しかし、オリンピックで「聖火」を灯したのは、このときがはじめてではない。その八年前のアムステルダム・オリンピックで聖火台が設けられ、開催期間中絶え間なく火が燃やされた。そうすることで、聖火を、古代オリンピアにあったヘスティアの炉の永遠の火になぞらえようとしたのかもしれない。実際、一九三六年の聖火リレーで採火をおこなったのは、ヘスティアの女神官を思わせるような装いのギリシア人の女性たちだった。ただし、採火した場所は、ヘラ神殿ではなくゼウス神殿である。いずれにせよ、聖火リレーは現代の創作イベントで、古代にはいっさいおこなわれなかった。松明のリレー自体はアテナイでおこなわれていたことが知られているが、古代オリンピックで採用されたことは一度もない。

スタディオンの名称

アルティスを離れて、オリンピックの舞台である競技場に移ろう。オリンピアの競技場の遺構は、走路とそれを取り囲む観客席で構成されており、現代の競技場とあまり変わらない。競技場は、古代から現代にいたるまで、基本的な構造がもっとも変化しなかった建築物の一つだ。

オリンピアの競技場は「スタディオン」と呼ばれていた。この言葉が現代の「スタジアム」の語源であることは、容易に想像がつくだろう。ただし、古代ギリシア語の「スタディオン」は、三つの意味をもっていた。一つ目は、競技場をあらわす「スタディオン」、二つ目は、第一回オリンピックで唯一の競技種目だった徒競走の名称「スタディオン」である。そして三つ目は、距離の単位の名称「スタディオン」であるが、ここで一スタディオンの長さは、二つ目の意味のスタディオンで走った距離に相当する。

ホメロスの『イリアス』では、アキレウスの親友パトロクロスを葬送するための運動競技がおこなわれるが、競技が繰り広げられる場所は「ドロモス」という用語によってていいあらわされている。ドロモスは、ギリシア語の動詞「走る」の派生語で、「走る場所」つまり「走路」を意味している。しかし、ホメロスの叙事詩のなかに、スタディオンという言葉はみつからない。文献上、はじめてスタディオンという単語を用いたのは、前五世紀初頭のシモニデス、ピンダロス、バッキュリデスだった。そこでスタディオンは、「競技場」および「徒競走」の二つの事柄を指し示している。さらに数十年が経過したころ、距離の「単位」としてのスタディオンが、ヘロドトスの文献中にあらわれる。ヘロドトスはそこで、スタディオンを別な単位に換算する方式を示している。

一方、古代遺物に目を転じると、スタディオンの言葉を含む銘が記された古代ギリシアの壺絵がある(図14)。銘が付された絵画は、三人の男性が右方向に走っている場面をあらわしていることから、このスタディオンが「徒競走」を意味することは明らかだ。壺の制作者である陶工ニキアスの署名もはいったこの作品は、前六世紀半ばに年代づけられる。よって、この壺絵の銘が、スタディオンの単語が用いられた最古の例証である。

スタディオンの語源は明らかではないが、「立つ」というギリシア語の動詞に由来すると推測されている。なぜなら、観衆はスタディオンで「立って」いたと考えられるからである。オリンピアの競技場は、走路(ドロモス)とその周囲の土手で構成されているが、観客が集まる土手には座席が設けられていなかった。考古学の調査によれば、オリンピアの土手の傾斜は最大でも一〇度に満たなかったことがわかっているが、このようなゆるやかな斜面では、観衆は立つことが多かったに違いない。さらに、名前のつけ方の観点からすると、同様の例が別の建築物にも見出せる。それは代表的なギリシ

図14　スタディオン走

ア建築の一つである劇場、すなわち「テアトロン」で、この名称もギリシア語の「見る」という動詞から派生している。競技場も劇場も、名称が見られる側ではなく、見る側に由来するのは、非常に興味深い。以上から、スタディオンは、競技を立って観戦したことから「競技場」を意味する単語として誕生し、その後、競技場でおこなわれた最初の競技、つまり「徒競走」を示すようになり、最後に、その徒競走の長さにもとづく距離の「単位」の名称になったという見方が妥当だろう。この単語が生まれた時期は、文献と古代遺物にもとづくならば、ホメロス以降でニキアスの壺の制作以前、すなわち、前八世紀末頃から前六世紀半ばまでの間である。

現存するスタディオンは、大祭壇のあったアルティスから離れた場所に位置している。スタディオンの西側全体を占める長い列柱廊は、アルティスとスタディオンを区切る明確な境界線とみなすこともできるだろう。オリンピックにおけるスポーツは宗教と一体化していたという観点からすると、こうしたアルティスとスタディオンの乖離は不自然に思える。じつはオリンピックの最初期には、スタディオンは現在よりももっと西側、つまり、アルティスにより近い場所にあった。最初のスタディオンの場所は、三世紀のフィロストラトスの書物に具体的に言及されている。その記述によれば、スタディオンの競技は次のようにおこなわれた。ゼウスの大祭壇から一スタディオン離れた場所に走者が立ち、祭壇をめざしてスタートを切る。祭壇の前では、審判役を務める祭司が松明をたずさえて待っている。そして最初に祭壇に到達した走者が、祭壇におかれた犠牲獣に松明で火をつけ、優勝者としてたたえられる。おそらくこの伝承を一つの根拠として、近代以降、オリンピアにおけるスポーツと宗教を表裏一体のものとみなすようになり、その結果、本章冒頭の優勝メダルのデザインが生まれたのである。しかし、現代の考古学の見解はフィロストラトスの伝承と相容れない。発掘調査によれば、最初のスタディオンのゴールを大祭壇のすぐ近くにおくことは不可能だからである。

スタディオンⅢ

まず、現存するスタディオン(スタディオンⅢ)からみてみよう(図15)。今日の遺構は、二世紀のローマ時代の状態にもとづいている。スタディオンの中央に東西方向に伸びる長方形のドロモスがあり、その両端付近に石灰岩のスターティング・ブロックが敷かれている。西側のスターティング・ブロックの長さは二四・〇メートル、東側は二八・二六メートルで、それぞれ、二つの長い溝が平行に刻まれている。東西のスターティング・ブロックの間隔は、一スタディオンである。上述のヘロドトスの距離の換算法によれば、一スタディ

図15　スタディオン

オンは六〇〇フィートと同等だ。ここで「フィート(フット)」は、現代の単位ではなく古代ギリシアの単位である。古代ギリシアでも、現代と同じように「フット(足)」を意味する言葉「プース」が距離の単位として使用されていたが、ここでは呼び慣れた「フィート」の名称を用いることにしよう。古代ギリシアでは、一スタディオンの絶対的な長さが地域や時代で異なっていた。違いの大きい例をあげるなら、オリンピアでは一スタディオンは一九二・二八メートルだったが、同じペロポネソス半島に位置するハリエイスでは一六六・五〇メートルだった。一フィートに換算すると、オリンピアが三二・〇センチ、ハリエイスが二七・八センチである。これらの数値は、スターティング・ブロックの内側の溝を起点として計測されている。

ドロモスの四方には石造りの水路が設けられ、北西側から供給される水が流れていた。そしてドロモスの周りを、観客用の広々とした土手が取り囲んでいる。この土手は、北側は「クロノスの丘」のスロープを利用し、それ以外は人工的に築かれた。スタディオンの収容人数は約四万三〇〇〇人。上述したように、土手に座席の役目をはたす構造物は存在しなかった。古代ギリシア・ローマ世界では、座席が設けられた競技場も知られている。例えば、ヘロデス・アッティクスが二世紀半ばに建設したアテネの競技場は、客席を備えていた(十九世紀末、この競技場を大規模に改築した場所が、第一回近代オリンピックの舞台となった)。だがオリンピアのスタディオンでは、最後まで座席は設けられなかった。例外は個人用の座席で、スパルタのゴルゴスという人物の名前が刻まれた大理石の座席が、スタディオン近くで出土している。碑銘の字体から前六世紀半ばに遡るこの座席は、スパルタからオリンピアまでわざわざ運ばれてきた可能性が高い。

緑が広がる土手のなかには、石造りの遺構がわずかに残っている。南側の土手の、ドロモスの西端から三分の一くらいの場所に、石で囲まれた方形の遺構があるが、これは審判団ヘラノディカイの特別席である。一方、その真向かいの北側の土手には、地母神デメテル・カミュネの石造りの祭壇がおかれている。祭壇前には、五列の木製のベンチの跡が残る。オリンピックの会期中、既婚女性は神域に足を踏み入れることが許されなかったが、唯一の例外が女神デメテル・カミュネに仕える女神官で、彼女は女神の祭壇に陣取って、オリンピックの競技を見守った。

スタディオンの建設年代は、周辺で発見された井戸によって推定できる。真夏の日差しをあびる選手と観客にとって必要不可欠な井戸は、スタディオン周辺で約二〇〇個発見されている。井戸は壁面が補強されていない簡素な構造をしているため、使用された期間は短い。井戸の場所に注目すると、二割が北側の土手に、八割がスタディオンの南側区域にある。北側の土手のもっとも新しい井戸は、前五世紀第2・四半期に掘られたものである。それ以降の井戸がない理由は単純だ。そこに観客を収容する土手が築かれて、井戸が埋められたからである。よって、スタディオンⅢが建設されたのは前五世紀第2・四半期の古典期（前五〜前四世紀）だと判断できる。神域では同じ時期にゼウス神殿が建設されていることから、新たなスタディオンの建設は神域の大規模な改修計画の一環だったことがわかる。一方、南側区域では前四世紀半ばの井戸がもっとも新しい。これは、前四世紀半ばに水路がドロモスに設けられたため、それ以上井戸をつくる必要がなくなったことを示している。

同じ前四世紀半ばには、スタディオンの西側の土手の真後ろに、長い列柱廊が建設された。そこで人が声を発するとこだまが少なくとも七回返ってくることから、「反響列柱館」と呼ばれている。スタディオンの建設当初、西側の土手の裏側は、アルティスに向かってなだらかにくだっていた。しかし、列柱館のスペースを確保するために土手の裏側は削り取られ、切断面に擁壁が築かれた。土手の擁壁と、それと平行に建つ列柱館の背面の壁との間の細長い空間は、選手のアポデュテリオン(いわば現代のロッカールーム)として使われた。さらに西土手の北端に通路が設けられ、スタディオンの外側から内部のドロモスへじかに通じる道が確保された。外側からはいると、この通路は最初の約三二メートルがトンネルで、ドロモスに達するまでの最後の九・五メートルが吹き抜けになっていた。このトンネルの外側入り口はアポデュテリオンと連結しているため、選手はスムーズにトンネルへとアクセスできる。そして長いトンネルをくぐって選手が姿をあらわすという劇的な入場によって、彼らを待ち受ける観客を熱狂の渦に巻き込んだのである。現在、トンネルのほんの一部分だけが復元されているが(図16)、このトンネル形のヴォールトの屋根が築かれたのは、前二世紀だった。

スタディオンⅡ

発掘調査によって、古典期のスタディオンⅢには、先行するスタディオンⅡがあったことがわかっている。まず、ドロモスについては、北側と南側の縁石の跡と、西側のスターティング・ブロックの跡が残っている。ドロモスの幅は約二六メートルであることがわかるが、東側のスターティング・ブロックの痕跡がないのでドロモスの長さはわからない。スタディオンⅡのドロモス（ドロモスⅡ）は、スタディオンⅢのドロモス（ドロモスⅢ）と比べると、西に向かって約七五メートル、南に向かって約一〇メートルの場所に位置している（図17）。したがって、スタディオンⅡの西部分は、アルティスの領域に食い込んでいる。一方、土手はドロモスの北側と南側だけに築

図16　スタディオンの入口のトンネル

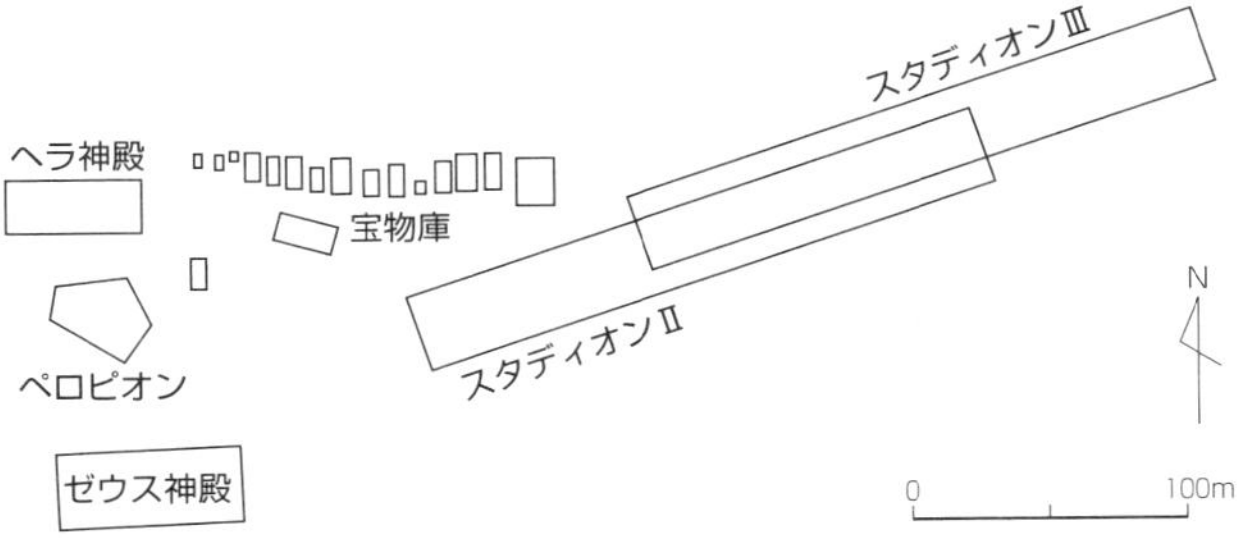

図17　歴代のスタディオンの場所

かれたため、スタディオンの西側はアルティスに向かって開かれていた。北側の土手は、クロノスの丘のスロープを利用したので擁壁は不要だった。この土手の盛り土の下には、アルカイック期の数多くの井戸が埋まっている。南側は人工的な土手であるため、擁壁を必要とした。この擁壁の跡は、ドロモスⅡの南端の縁石に平行しており、縁石から擁壁までの距離は約三八メートルである。土手に座席が設けられた痕跡はなく、収容人数は約二万四〇〇〇人と推定されている。スタディオンⅡの建設年代は、前六世紀末のアルカイック期（前八〜前六世紀）に遡る。

スタディオンⅠ

さらに古いのが、スタディオンⅠだ。発掘調査によって、スタディオンⅠの南側の土手と擁壁の一部のみが、スタディオンⅡ付近で発見された。擁壁はドロモスに向かってなだらかにくだる土手を支えていた。擁壁の長さは七・五メートル、高さは二・五七メートルで、ドロモスⅡおよびⅢにほぼ並行している。問題は、スタディオンⅠのドロモス（ドロモスⅠ）の位置である。上述のフィロストラトスにもとづき、ドロモスⅠは大祭壇付近に設けられたと考える研究者もいる。しかし、フィロストラトスが描写する場所にドロモスをおくことは不可能である。なぜなら、発掘で明らかになったスタディオンⅠの高さは、フィロストラトスから想定されるドロモスのもっとも高い地点より四メートル以上も低いからである。実際には、ドロモスⅠは、ドロモスⅡとほぼ同じ場所にあったに違いない。そうであれば、ドロモスⅠがまったく残っていない理由がはっきりする。つまり、ドロモスⅡをつくる際、ドロモスⅠはすべて掘り返されてしまったのである。

原スタディオン

スタディオンⅠの年代は、土手で出土した陶器によって、前五四〇年頃まで遡ることがわかっている。しかし、オリンピックの始まりは、それよりもずっと早い。したがって、さらに先行する競技場「原スタディオン」があったはずである。原スタディオンの場所と年代を推定するもっとも有力な手がかりは、上述の井戸である。井戸とオリンピックの深い関連性は、井戸が掘られた年代と数量の関係にあらわれている。例えば、前五世紀第１・四半期、すなわち、オリンピアでゼウス神殿の建設工事が始まった時期はオリンピックの最盛期だとみなされているが、まさにこの時期、掘られた井戸の数がピークに達している。同時期にスタディオンⅢの建設が着手されていることからも、神域の建築物の拡充はオリンピックの隆盛と軌を一にしており、だからこそ数多くの井戸が設けられたのである。

まず、井戸の場所に着目すると、神域には井戸が存在しない特別なエリアが二つみつかっている。一つはアルティスだが、これは、神域の中心部で井戸を設けることのできない何らかの宗教的理由が存在したからだと考えられる。もう一つは、スタディオンⅠのドロモスだ。このドロモスに井戸がないのは、まさにこの場所が、オリンピック創始から走路として使われていたため井戸を掘ることができなかったからだ、と推測できる。つまり、原スタディオンは、スタディオンIとほぼ同じ場所にあったのである。次に、井戸が掘られた年代は、もっとも古いもので前七〇〇年頃に比定されている。井戸の存在を競技の前提とみなすならば、オリンピックが始まったのは、最古の井戸がつくられたころである。したがって考古学的観点では、オリンピックの発祥は、オリンピアにおけるゼウス信仰の始まりよりもずっとあとであり、また、競技がおこなわれた場所は、当初より神域の中心部から離れていたと判断できる。

徒競走

スタディオンでおこなわれる各種競技についてはすでに第1章でふれているが、ここではおもに美術作品の表現を手がかりに、競技の実態の解明を試みてみたい。

競技がおこなわれる場所であるドロモスの語源が示すとおり、オリンピックはまず走ることから始まった。走者たちを描いた美術作品を見ながら、徒競走とはどんなものであったのかを探ってみよう。さきに示したニキアスの署名のあるニューヨークのアンフォラ(把手が二つ付いた容器。一二三頁、図14)と、ロンドンのアンフォラの壺絵(図18)を比較する。どちらもたがいに負けまいと競い合う走者たちがあらわされているが、走り方に大きな違いが認められる。ニューヨークの壺絵の走者は腕を大きく振り上げているが、ロンドンのほうは両腕を腰のあたりで小刻みに振っている。前者は、すでに述べたとおり、壺絵に「スタディオン」の銘が記されていることから、約二〇〇メートルの短距離走スタディオンの走者であることが確実だ。スタディオン走はオリンピックのもっとも古い競技で、前七七六年の第一回大会から前七二八年の大会まで、それ以外の競技はおこなわれていなかった。全力疾走するスタディオン走の走者に対して、ロンドンの壺絵の走者はもっとゆっくり走っているように見えることから、彼らはスタディオン走とは別の徒競走「ドリコス」の走者であるとみなされている。ドリコスは長距離の競技種目で、前七二〇年、オリンピックに採用された。言い伝えによるドリコスの距離はまちまちで、七スタディオンから二四スタディオンまでの開きがある。つまり、ドリコスは最短で一・五キロ未満、最長で五キロ弱の距離を走る競技だった。

徒競走には、スタディオンの二倍の距離を走る「ディアウロス」という競技もあった。オリンピックに導入されたのは前七二四年で、祭典の創始以来ただ一つの競技だったスタディオン走にはじめて追加された二番目の種目だった。図19はアンフォラの壺絵断片で、

図18　ドリコス

図19　ディアウロス

「私はディアウロスの走者」と記された銘によって、描かれた競技がディアウロスであることが裏付けられる唯一の美術作品である。腕の振り方はスタディオン走と似ているので、ディアウロスも短距離走の部類に属すると考えられる。つまりどちらの競技も走者は全速力で走るため、スタディオン走とディアウロスを描写のしかたから区別するのは難しい。

一方、短い距離を全力疾走するものの、一目瞭然で他の種目と区別できるユニークな徒競走があった。それは、兜《かぶと》をかぶり、盾を左手に握り、脛当てを身につけて走る武装競走「ホプリトドロモス」だ(図20)。距離はディアウロスと同じ二スタディオン。オリンピックには前五二〇年に加わったが、その後しだいに、兜と脛当ては競技で使用されなくなった。ゼウス神殿に競技用の二五個のブロンズの盾が保管されていたことから、選手たちは同一の重さの盾をもって競技に挑んだのかもしれない。

じつは、ホプリトドロモスはオリンピックのオリジナルの競技ではなかった。この競技がはじめておこなわれたのは、好戦的な女神アテナを守護神とするアテナイで開催されたパンアテナイア祭だった。ホプリトドロモスは、前五六六年に始まったアテナイの祭典から、すでに二〇〇

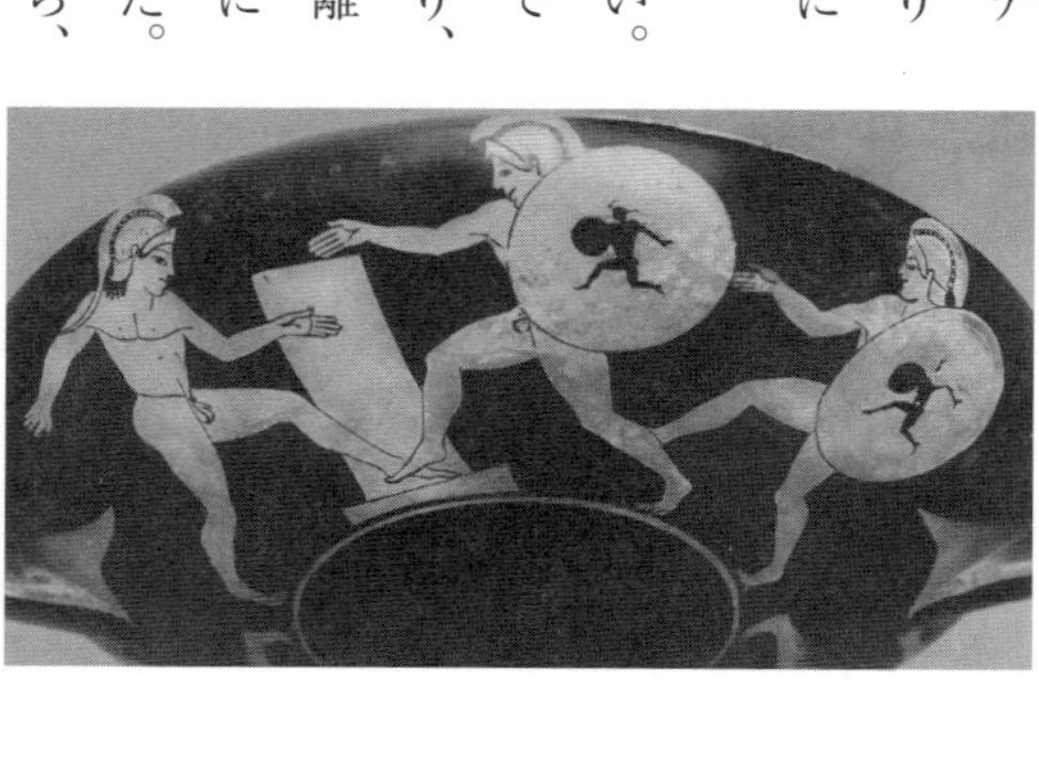

図20　ホプリトドロモス

年以上もの伝統を誇っていたオリンピックに導入されためずらしい例である。この武装競技は、オリンピックの徒競走のプログラムの最後を飾る種目だった。プルタルコスによれば、それはホプリトドロモスが戦士としての能力を養う重要な鍛錬の場でもあったからである。ギリシア各地の競技祭のなかでは、プラタイアのホプリトドロモスが権威ある競技として知られていた。なぜなら、選手は一五スタディオン、つまり約三キロにもおよぶ距離を武装して走らなければならなかったからだ。ホプリトドロモスは、ペルシア戦争の勝利を決定づけた前四七九年のプラタイアの戦いを記念して創設されたプラタイアの競技祭にとって、うってつけの種目だったのである。

スタートと折り返し

図21のブロンズの男性裸体像は、オリンピアの神域で出土した。作品の様式、および像に刻まれた「私はゼウスのもの」という銘の内容と書体から、この彫像はペロポネソス半島のアルゴス地方の運動選手が、オリンピックの優勝を記念して奉納したと考えられている。この選手は、腕を前方に伸ばし、左足を少し前に出した特徴的な姿勢をとっている。同じような姿勢は、ホプリトドロモスの走者を描いた壺絵にもみられる(図22)。それぞれの作品があらわしているのは、競技のスタートの場面である。その決め手は、両足の位置および、壺絵に描かれた杭のような物体が、オリンピアのスタディオンに残るスターティング・ブロックの構造に合致する点にある。

さきにふれたように、スタディオンのドロモスの両端に残る石灰岩のスターティング・ブロックには、二つの溝が平行に刻まれていた(図23)。それぞれの溝の幅は約四・五センチで、約一六センチの間隔がおかれている。この溝は、スタートの際、走者の両足の指を引っ掛けるために設けられたことは明らかだ。さらにスターティング・ブロックには、一定の間隔で方形の穴があいているが、これは、いわばゲートの役目をはたす杭を差し込むための穴だった。図22に描かれた柱のような物体は、まさにその杭をあらわしていると考えられることから、この壺絵がスタートの場面を描いていると判断できるのである。オリンピアと同様に全ギリシア的な競技祭が催されたデルフォイやネメアでも、スターティング・ブロックの遺構がスタディオンで発見されているが、基本的な構造はオリンピアのものと共通している。

ギリシア美術では、左足を前に出してスタートする走者をあらわしたものが多い。壺絵のなかには、クラウチングスタートのような姿勢が描かれるものもあるが、その選手に向かって審判が警告のような合図を出していることから、古代ギリシアでは、徒競走はスタンディングスタートでおこなわれたとみなしてよいだろう(図24)。このスタート方式は、現代からすると不思議に思えるかもしれない。しかし、まさに第一回近代オリンピックでおこなわれた一〇〇メートル走のスタートの場面が、興味深い事実を伝えてくれる(図25)。写真からわかるように、選手たちがたがいに異なる独自の姿勢でスタートを切ったが、結局、この競技で優勝したのは、左から二番目の選手だった。だからこそ、当初

図21　スタートの姿勢をとる男性像

図22　スタートの姿勢をとるホプリトドロモスの選手

図23　スターティング・ブロック

図24　古代オリンピック時のスタート姿勢

図25　第１回近代オリンピックの100メートル走

図26　ドリコスとカンプテル

はものめずらしかったはずのこのクラウチングスタートが、その後のスタートのスタンダードになったのである。

古代の競技場のドロモスは、現代の競技場のトラックのような周回コースではなく、一直線のコースだった。したがって、走者がスタートすると、スタディオン走以外の徒競走では、ゴールまでに少なくとも一回、折り返しが必要となる。長距離競技ドリコスをあらわす壺絵のなかには、折り返し地点に立っていたカンプテルと呼ばれる杭が描き込まれている作例がある(図26)。また、ネメアの競技場のドロモスでは、カンプテルの土台の遺構が発見されている。ネメアのカンプテルは一本のみで、その場所は、スタート側から見るとドロモスの中央から右寄りに位置していることから、走者はカンプテルを左手に見ながら、つまり、反時計回りに折り返したと判断できる。なぜなら、折り返しの際、遠心力でカーブが大きくなるので、カンプテルの左側により広いスペースが必要となるからだ。実際、カンプテルが描かれているどの壺絵でも、走者は反時計回りに折り返している。

スタディオン走の二倍を走るディアウロスとホプリトドロモスでは、折り返しは一度きりだ。これらの競技の折り返しをあらわす美術作品はみあたらず、また、それに言及した古代文献も存在しないため、具体的な折り返しの方法は明らかではない。ディアウロスでは走るスピードが速いので、折り返し点で大混乱が生じることが予想される。また、ホプリトドロモスの武装した走者がカンプテルに突進したなら、折り返し点でぶつかり合って混沌とした状態に陥るだろう。こうした予測から、それぞれの競技では、走者ごとに折り返しの杭があったと考える研究者が多い。前述したように、ドロモスの両端のスターティング・ブロックには、コースを仕切る杭が立っていたが（図22）、これが、折り返すときにカンプテルの役目をはたせば、各走者は個別のコースを走ることができる。この場合、杭はコースの境界線上に立っているので、走者はこの杭で折り返すと、隣のコースに移動する。こうした見地にたつと、ディアウロスという名称自体が重要な意味を帯びてくる。ディアウロスには「二重笛」という意味もあり、二本並べて同時に吹く縦笛を指す。もし、笛をドロモスのコースに見立てるなら、ディアウロスは「隣同士の二つのコース」となるだろう。つまり、往路と復路で「二重のコース」を走ることが、「ディアウロス」の名称の由来だったという解釈が成り立つのである。

アスリートの表現

壺絵に描かれた徒競走は、走者の走り方によって短距離と長距離を区別することができたが、これは、画家の表現が現実に即している証の一つだ。一方、実際の走り方とは明らかに異なる部分もある。ニューヨークのアンフォラにあらわされたスタディオン走者（一二三頁、図14）は、左腕と左足を同時に前に出しているが、これは実際の走法とは相容れない。このような描き方は、本作品が制作された前六世紀におけるギリシア・アルカイック美術の表現の図式に従っている。図式の基本は、身体の各部位をそれぞれの特徴がよくあらわれる典型的な形であらわすという点にある。壺絵の場合、側面観の頭部、正面観の上半身、側面観の下半身を組み合わせて描く。図14のような右方向に走る走者を描く場合、上半身を正面観であらわすために、まず、胸部が正面のほうを向くように、左腕を前に、右腕を後ろにし、次に、腹部も正面のほうを向くように、左足を前に、右足を後ろにする。このようにして上半身全体を正面観にすることができるが、結果的に、両腕と両足の出し方が現実の走り方とは逆になる。アルカイック美術では、身体全体を有機的にとらえるのではなく、各部位を記号のように組み合わせているのだ。

アルカイック美術の図式は、彫刻作品にもあてはまる。前六世紀後半に制作されたブロンズの男性裸体像を見てみよう(図27)。彫像は走っているドリコスの選手をあらわすと解釈されている。両足の形からしてとても走っているようには見えないが、まさにこの下半身の表現——両方の膝を直角に曲げながら、片方は膝を地面につき、もう片方は膝を突き出すようにして足を地面につく——が、アルカイック美術では「走っている」ことを示す決まりになっているのである。同様の姿は、怪物ゴルゴンの浮彫にも見られる(図28)。ブロンズ像の下半身が側面観、上半身が正面観であらわされるのは壺絵の図式と同じだが、一般に彫像の場合、頭部は正面観であらわされる。そして長距離走ドリコスの走者であることは、両腕の位置によって示されている。

円盤投げ

現代のフィールド競技はトラック以外でおこなわれる競技を指すが、古代のフィ、、ールド競技は、徒競走と同じドロモスでおこなわれた。まずは、五種競技の一つである円盤投げから始めよう。円盤投げといえば、古代ギリシア彫刻の傑作《ディスコボロス》を思い出す人も多いだろう(図29)。作品の名称は、ギリシア語で「円盤を投げる人」を意味している。ディスコボロスを制作したのは、前五世紀に活躍した彫刻家ミュロンである。円盤投げは、一八九六年の第一回近代オリンピックで採用された種目の一つだった。また、二〇〇四年のアテネ・オリンピックでは、ディスコボロスがあらわされた二ユーロ硬貨が、開催を記念して発行されている(図30)。以上から、オリンピックにおいて、円盤投げは古代と近代の橋渡しの役目をはたすと同時に、ギリシアにとって極めて重要な競技であることがわかるだろう。

ミュロンのディスコボロスはブロンズ像だった。よって、今日、名作として注目をあびているディスコボロスは、オリジナル作品ではない。それは、古代ローマ時代にオリジナルを大理石で模刻した「ローマン・コピー」だ。ギリシア文化に魅了されたローマ人にとってギリシア彫刻は垂涎《すいぜん》の的であったが、オリジナルを手に入れるのが極めて難しかったため、彼らは代替品として大理石のコピーを制作した。なかでも、ディスコボロスのような名作はコピーが大量につくられたため、オリジナルが失われても、ローマン・コピーが現代に残ったのである。二〇点以上を数えるディスコボロスのコピ

図27　ドリコスの走者の彫像

図28　ゴルゴンの浮彫

図30　2ユーロ硬貨

図29　ディスコボロス

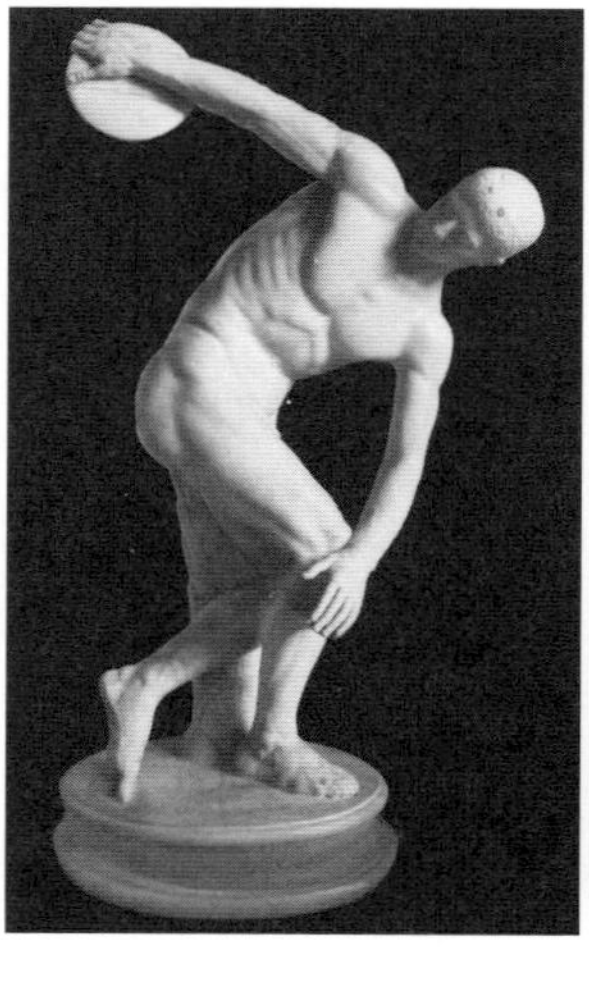

図31　ディスコボロスの別アングル

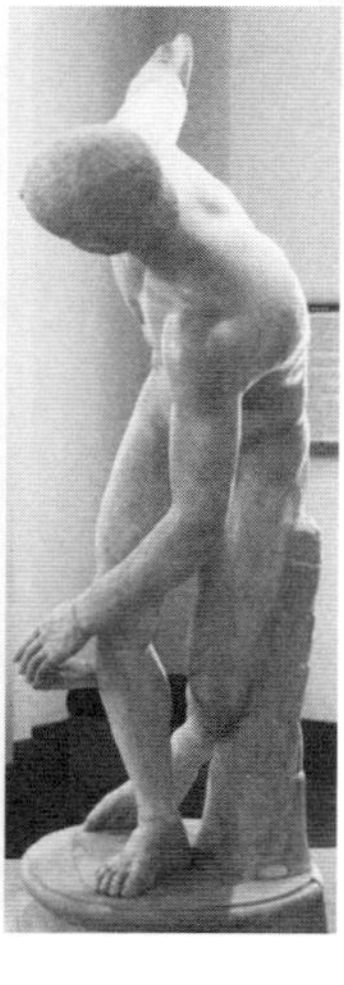

ーのなかでは、すでに見たローマ国立博物館所蔵の作品(図29)がもっとも質が高い。

ところで、ローマのディスコボロスは顔を後ろに向けているが、コインのほうは前方に向けている。コインのデザインは大英博物館所蔵のローマン・コピーにもとづいているが、顔の向きが正しいのは、ローマのコピーである。なぜなら、大英博物館のディスコボロスは首が一度切断された痕跡があるが、ローマのほうは首に損傷がなく、制作当時の状態が残されているからである。それはまた、二世紀のルキアノスによる「顔を円盤のほうに向けている」というディスコボロスの描写によっても裏付けられる。大英博物館の作品は誤って修復されたことが明らかであるが、なぜか、記念硬貨にはローマではなく大英博物館の作品が使われた。ちなみに、かつてギリシアで使用されていた一〇〇〇ドラクマの旧紙幣にはディスコボロスが印刷されていたが、こちらのほうは正統的なローマの作品がモデルとなっている。

第一回近代オリンピックでは、ギリシア人選手団は独自の競技である円盤投げに国家の威信をかけて臨んだが、ろくに練習もせずにアテネにやってきたあるアメリカ人選手の前に苦杯をなめる。敗北の原因はミュロンのディスコボロスだった。ギリシア人コーチは、古代の円盤投げの方法を的確に記したとされるフィロストラトスの文献をもとに選手を鍛えたが、この作戦自体が誤りだったのである。なぜなら、フィロストラトスの記述はミュロンのディスコボロスにほかならず、そのディスコボロスがあらわしているのは現実の円盤投げの姿ではないからである。拠り所とされたフィロストラトスの一節は、投げられた円盤にあたって悲運の死をとげたヒュアキントスを主題とする絵画の描写のなかにあらわれる。以下、その一部を抜粋する。

　左足に体重をかけ、上半身を前方に曲げながら、肋骨が見えるくらい顔を右後方に向ける。その状態から、右半身全体に力を込めて円盤を上方に投げ飛ばす。

　フィロストラトスが語るのは、実質的にミュロンのディスコボロスであることは明らかだろう。だがこの作品は、あくまでミュロンの美的感覚にもとづいてつくられている。造形のポイントは、二次元的な構造にある。世の中に流布しているディスコボロスの画像は、どれも同じアングルでとらえられているが、これは作品の主要な鑑賞面が定まっていることを意味している。このアングルで見ると（図29）、ダイナミックな姿態のなかに、さまざまな印象的な形が浮かびあがる。例えば、円盤から頭と左腕をへて左足のつま先にいたる半月のような円弧や、円盤・右肩・臀部・膝・左足首を結ぶWのような形を見出すことができるだろう。つまり、彫刻の主要面は、あたかも二次元の絵画であるかのように構成されているのである。作品を九〇度回転してみると（図31）、彫像が幅の狭い空間に押し込められていることがよくわかるが、これが生身の人間の動きであるとはとても思えない。だからこそ、ディスコボロスにならったギリシア人は、敗北を喫したのである。

　古代の円盤投げの方法に関しては、二つの見方がある。一つは、身体は回転させず、身体をひねっておもに腕の力で投げるという方法、もう一つは、現代のように身体を回転させながら遠心力を活かして投げるという方法である。通常、上述したフィロストラトスの言及が一つの根拠となって、回転に対しては否定的な見解が多い。ただし、美術作品と文献を参照しても、確実な結論はえられない。例えば、ディスコボロスは本当に投げる直前をあらわしているのだろうか？　円盤はどちらの方向に飛んでいくのだろう？　ミュロンは円盤投げの動作の一瞬をとらえて永遠の形にとどめたが、ほかの一連の動作を永遠の謎として残したかのようでもある。

幅跳びと槍投げ

古代の幅跳びは、両手にハルテルと呼ばれる錘《おもり》をもちながら跳躍するユニークな競技だった（第1章参照）。ハルテルの形に決まりはないが、アイロン、あるいは、電話の受話器のような形をしたものが多い。ハルテルは、跳躍を伸ばすために使われたと伝えられている。おそらく、作用・反作用の原理を応用して、着地の直前にハルテルを後方に投げ捨てることで、より遠くまで跳んだのだろう。ハルテルを重くすれば、その分、反作用は大きくなるが、逆に、水平方向に跳ぶ力が落ちるので、微妙な重さの調整が必要となる。加えて、本人の体重も関わってくるので、選手は自分用のハルテルを所有していた。オリンピアでは、スパルタ人アクマティダスが奉納したハルテルが出土したが、片方だけで、平均をはるかにこえる四・六キログラムの重さがあることから、このハルテルは実際の競技では使われなかったに違いない。

ハルテル以外にも、幅跳びではツルハシが必需品だった(図32)。ツルハシで地面を掘って、着地する場所(スカンマ)を設けたのである。フィロストラトスによれば、着地の際、スカンマにくっきりとした足跡を残さなければ、跳躍は無効となった。スカンマは恒久的な場所ではなく必要に応じて用意されたが、場所や大きさ、深さなど、不明な点が多い。場所はおそらく、観客が見やすいドロモスの中央付近だろう。ただし、コースからははずれていたはずである。なぜなら、ドロモスでは同じ五種競技のスタディオン走もおこなわれるからである。

幅跳びには、二重笛ディアウロスを奏でる笛吹きもつきものだった(図33)。音楽のリズムに乗ることで、より大きな跳躍をめざしたのである。笛吹きが登場するのはちょっと奇妙にも思えるが、現代の幅跳びの選手が助走前に観客に拍手を求めるのと、何かあいつうじるものを感じる。オリンピアでは、デルフォイで開催されるピュティア祭の音楽競技で優勝した奏者が笛を吹いた。伝承によれば、ピュティア祭で六回優勝したピュトクリトスは、オリンピックでも六回、五種競技の笛吹きの役を務めている。

円盤投げと同様、幅跳びの方法に関しても、見解の相違がある。走り幅跳び、立ち幅跳び、三段跳び、あるいは、立ち幅跳びを複数回おこなったなど、さまざまな説が唱えられている。ハルテルを用いた幅跳びの実験も報告されているが、確実な結果はえられていない。ここでは、古代の幅跳びは走り幅跳びだったという観点にたって、話を進めよう。

まず、立ち幅跳びでは、わずか一秒にも満たない跳躍のなかで、壺絵から想像できるさまざまな姿勢――両手を振り上げ、両足を前に出し、手を振り下げて錘を後方に投げ捨て、ふたたび手を前にもってくる――をとるのは不可能である。さらに、ロドス島のスタディオンでは、スカンマに約六〇センチの深さを求める碑文が出土しているが、これほどの深さは、立ち幅跳びには無用だろう。

次に、三段跳び、あるいは立ち幅跳びを複数回繰り返したと考える研究者がいるのは、一六メートル以上にも達する驚異的な記録が伝えられているからである。第一回近代オリンピックで三段跳びが競技種目として採用された背景には、この伝承があった。超人的な跳躍を見せたのは、キオニスとファユロスという人物だ。三世紀にアフリカヌスが編纂したオリンピック優勝者リストには、前六六四年にスパルタ人キオニスが五二フィートを跳んだことが付記されている。この記録は、オリンピアのフィートで換算すると、一六・六六メートルになる。リストによれば、キオニスはスタディオン走で三連覇しているが、不思議なことに、幅跳びがおこなわれた五種競技では勝利を逃している。伝説的な跳躍から約二〇〇年後、スパルタ人はこの偉大な祖国の先人に敬意を表して、ミュロンの手になるキオニスの彫像をオリンピアに立てた。

もう一方のファユロスも桁外れの記録を残したのは、第1章で示されたとおりである。問題となるのは、二人の記録の信憑性だ。まず、キオニスの伝承の拠り所であるアフリカヌスのリストにはアルメニア語の翻訳があったが、そこでキオニスの記録は五二フィートではなく二二フィートと記されている。不一致が生じたのは、五二と二二をあらわすギリシア文字が似ており、文字のわずかな欠損が原因となって両者を混同したからだと推測されている。つまり、ギリシア語リストのある版において、誤って二二が五二になってしまったのである。

ファユロスについては、出身地やオリンピックの優勝の有無に関する伝承が一貫性を欠くことに加え、デルフォイでファユロスの彫像を見たパウサニアスが、強烈なインパクトを与えるはずの幅跳びの記録にはいっさいふれていないことから、ファユロスの数字も額面どおりに受け取るにはあたらないだろう。したがって、三段跳び、あるいは複数回の立ち幅跳びの想定は不要で、古代の幅跳びは走り幅跳びだったという結論にいたるのである。走り幅跳びならば、上述の壺絵で知られる一連の動作も可能だろう。実際、助走する走り幅跳びの選手を描いた壺絵もある(図34)。ここで後ろを向いて走っているのは、現実の姿ではなく、前述のアルカイック美術の伝統的な図式に従っているからである。

槍投げ競技に関しては、第1章ですでに詳しく解説した。オリンピックにおいて、槍投げは実践的な戦術ともっとも密接に結びつく競技だろう。実際の戦闘で重要なのは、飛距離とコントロールだが、競技で重要なのは飛距離のほうだった。ただし、ギリシアでもローマでも、競技者ではなく戦士としては、投げ槍で的を射る訓練も積んでいた。槍投げは、第一回近代オリンピックではなく、一九〇八年のロンドンオリンピックではじめて導入されたが、すでにその時点で、古代の槍投げの特色だった革紐は使用されなかった。革紐については、早くも十九世紀に興味深い実験がおこなわれていたようである。古代史に精通していたナポレオン三世が伝えるところによれば、二五メートルしか投げられなかった槍投げの初心者が、革紐を用いると六五メートルに飛距離を伸ばすことができたという。また、近年の革紐を用いた実験でも、その時点での槍投げの世界記録をこえる九四メートルの飛距離がでたことが報告されている。以上からすると、古代には想像をはるかにこえる記録がでていたかもしれない。

図32　ツルハシでスカンマを掘る選手

図33　笛吹きと選手

図34　幅跳びの助走

格闘技

格闘技の美術表現では、レスリングとボクシングを区別することは容易であるが、両者をパンクラティオンから区別するのは時として難しい。これはパンクラティオンが、レスリングとボクシングの両方の性質をあわせもつことによる。各競技に重量制は適用されず、体格の大きいアスリートが有利だったため、格闘技は「重い」競技といわれていた。それと対照的な「軽い」競技に属するのが、徒競走や幅跳びである。格闘技はトーナメント方式でおこなわれ、対戦はくじ引きで決めた。おもしろいことに、オリンピックでは回戦ごとにくじを引いたので、場合によってはシードが続くことがあった。そのためか、格闘技での勝利をたたえる碑文のなかには、くじ運ではなかったことを強調しているものもある。さらに、レスリングの試合で引き分けたため、二人で優勝を分かち合ったことを記す碑文もある。ホメロスにおいても、パトロクロスの葬礼競技でおこなわれたレスリングで、オデュッセウスとアイアースが引き分けている例を見出すことができる。シード、またはけがなどの理由で相手が参戦しない場合は不戦勝となったが、伝説的なレスラーのミロンが、不戦勝によって優勝を勝ち取ったことが知られている(第1章参照)。

レスリングは、前七〇八年に徒競走以外で最初にオリンピックに導入された競技だった。現代のレスリングには上半身を攻防に使うグレコローマンスタイルがあるが、古代レスリングには足技があったことからもわかるとおり、両者は別々の競技である。現代の直感的なイメージとは異なり、古代レスリングは野蛮な行為とは無縁で、しなやかさやバランスに裏打ちされた多彩な技を競い合うスポーツだった。試合は相手をフォールすれば勝負がつくが、膝をつくのがフォールかどうか明白ではない。華麗な背負い投げが描かれた壺絵を見ると、投げる側が片方の膝をついていることから、片膝はフォールではないと判断できるだろう(図35)。一方、さきにふれたミロンは、オリンピックで六連覇を達成し「その間、一度も両膝をつかなかった」と伝えられていることから、両膝はフォールになったと推測される。

　ボクシングの起源はオリンピックよりはるかに古い。エーゲ海に浮かぶサントリーニ島には、前一六〇〇年頃の火山の噴火で埋まったアクロティリ遺跡があるが、そこからボクシングをする二人の若者を描いたフレスコ画が発見された(図36)。ボクサーが片手のみグローブをはめ、腰にベルトを巻いている点は、オリンピックにはみられない特徴だ。競技の全容は明らかではないものの、このフレスコ画は、ボクシングが長い伝統を誇る競技だったことを示している。しかし、オリンピックにボクシングが加わるのは、レスリングの二〇年後の前六八八年まで待たなければならなかった。

　フィロストラトスによれば、ボクシング発祥の地はスパルタで、戦争で兜をかぶらなかったスパルタ人が、頭部への攻撃をかわす訓練をしたことが起源だという。ただし、この競技では相手がギブアップするまで決着がつかなかったため、スパルタ人は降参するという屈辱を味わうことのないように、ボクシングにはエントリーしなかったともいわれている。壺絵によれば、スパルタ起源説を裏付けるかのように、腹部ではなく、もっぱら顔をめがけてパンチを繰り出している。そのためか、ボクシングではときおり死者がでたことがわかっており、統計ではとくにオリンピアでの死者が多かった。権威あるオリンピックでは、とりわけ激しい戦いが繰り広げられたことが想像できる。事実、ネメア祭のボクシングで優勝し、オリンピックで命を落とすことになったカメルというボクサーの墓碑には、次のような銘が記されていた——「彼はゼウスに対し、勝利を、しからずんば死を与えたまえと祈った。享年三五歳」。

ホメロスの叙事詩には、ボクシングとレスリングはでてくるが、パンクラティオンは登場しない。伝説によれば、ヘラクレスとネメアのライオンの戦いがパンクラティオンの起源となった(図37)。このライオンの毛皮はどんな武器をもってしても傷つけることができないので、ヘラクレスは相手と取っ組み合い、最後に首を絞めて決着をつけたのである。実際、前六四八年のオリンピックのパンクラティオンで優勝したシュラクサイ(シラクサ)のリュグダミスは、ヘラクレスのような堂々たる体躯の男だったという。試合では、禁じ手である嚙みつきや目潰しが使われることも多かったので、古代人は、ルールを守らない選手たちを「ライオン」呼ばわりして揶揄《やゆ》していた。パンクラティオンはもっとも過激で危険なスポーツに思えるが、ボクシングよりも危険性は少なかったことを示す証拠がある。クレイストミア祭で史上はじめてレスリング、ボクシング、パンクラティオンのすべてに勝利したクレイトマコスは、前二一二年のオリンピックで、ボクシングがパンクラティオンよりも危険だからという

図35　背負い投げ(レスリング)

図36　アクロティリのフレスコ画

図37　ヘラクレスとネメアのライオン

理由で、ボクシングを後回しにするよう直訴しているのである。実際、パンクラティオンで死にいたった例はごくわずかしか知られていない。そのなかの一人が、試合で壮絶な死をとげたアラキオンだった(第1章参照)。

勝利の祝福

競技で優勝した選手は、勝利の印として「タイニア」と呼ばれるリボンを受け取る。フェイディアスのゼウス像の手のひらに載る女神ニケは、勝利の冠をかぶると同時に、このタイニアを手にしていた(一〇七頁、図4)。また、フェイディアスと肩を並べる存在だった彫刻家ポリュクレイトスは、《ディアドゥメノス》すなわち「鉢巻きを結ぶ人」という彫像で、勝利者としてタイニアを頭に結びつけている運動選手をあらわしている(図38)。タイニアを身につけると、彼らはスタディオンを一周して勝利の祝福を受けた。これはまさに、現代のビクトリー・ランである。その間、観衆はお祝いの印に、冠・枝・花・葉・果物など、じつにさまざまなものを選手に向かって投げた。この歓喜と興奮の渦に包まれた観衆が示す祝福の行為は、古代ではフュロボリアと呼ばれていた(図39)。熱狂した観客のなかには、選手のもとまで降りてきて、自分で用意したタイニアを結びつける者もいたが、その結果、彼らの身体のあちらこちらがタイニアで飾られることもあった(図40)。フュロボリアは古い習慣だったようで、最初にその栄誉に浴したのは、クレタ島のミノタウロスを退治したのちアテナイに凱旋し

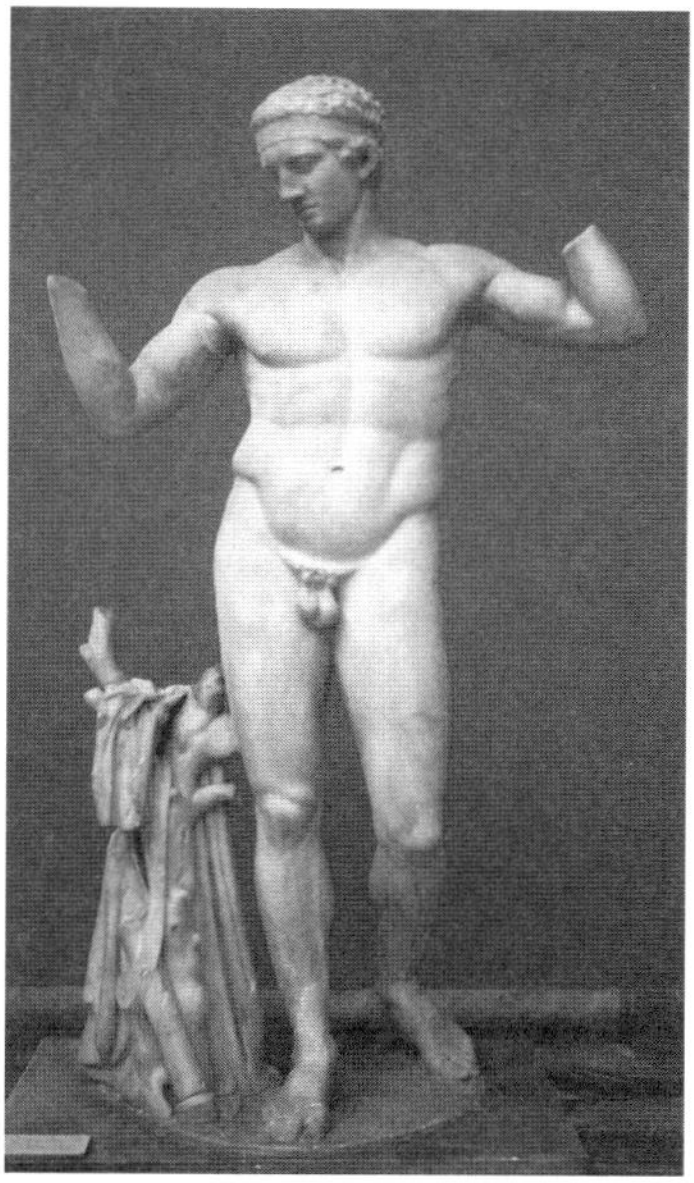
図38　ディアドゥメノス

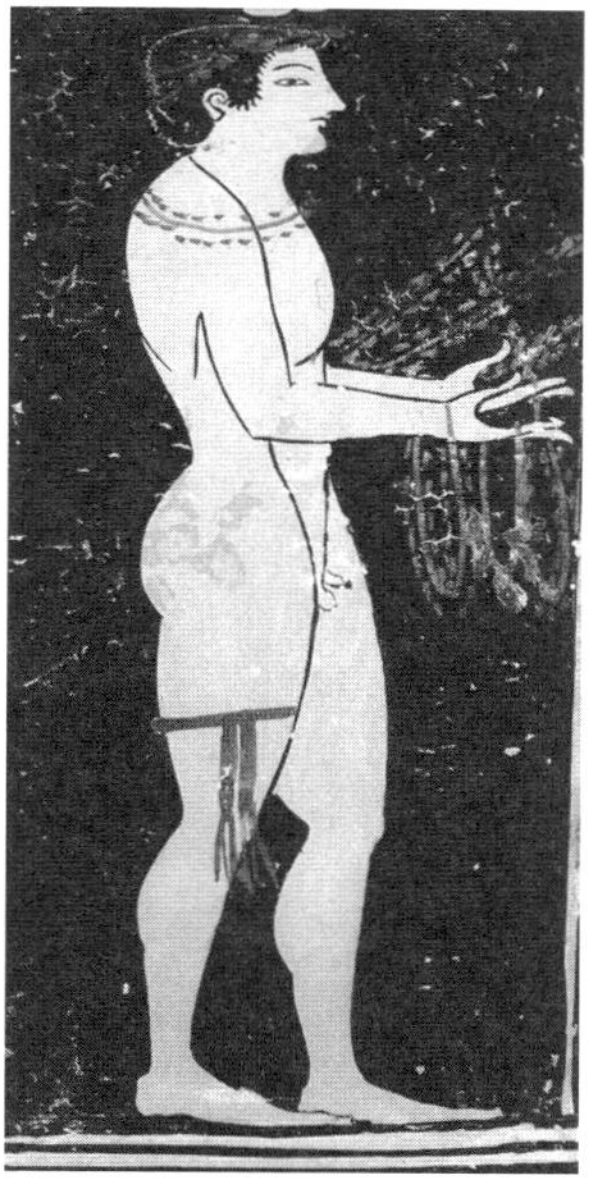
図39　フュロボリアを受ける勝者

図40　タイニアをつけた勝者

図41　アンティフォンの画家による壺絵

たテセウスだったと伝えられている。美術では、前五四〇年頃からフュロボリアの場面が壺絵であらわされるようになったが、投げ入れられたものとして、靴やウサギまでもが描かれた。また、馬具にタイニアが結ばれている例があることから、騎手だけでなく馬も、フュロボリアによって祝福を受けたことが確認できる。タイニアは、公式の勝利のシンボルであるオリーブの冠を戴くまで、大切に扱われた。人によっては戴冠後も、タイニアを結んだままだった。ある壺絵にあらわされた墓碑には――そこに示された汗を掻き落とす道具やオイルを入れる小瓶の浮彫によって死者が運動選手であることがわかる――タイニアが結びつけられているが、これは故人が死後の世界までタイニアを手放さなかったことを物語っている。

芸術と運動選手

オリンピックが最高潮に達した前五世紀前半は、ギリシア美術史にとって決定的な時期だった。例えば、多くの人が思い描く、人体をありのままあらわしたかのようなギリシア彫刻は、この時期にはじめて生み出された。そして指摘されることはほとんどないが、壺絵も彫刻と同様に重大な局面を迎えていた。中心的な役割をはたしたのは「アンティフォンの画家」と呼ばれる壺絵作家だった。前四八〇年頃制作された革紐をもつボクサーの壺絵には、この画家の革新的な様式が用いられている(図41)。斬新な点の一つは、胸の線だ。従来は連続であらわされていた線が途中で切断されているが、これは、より暗い影の部分だけを線であらわしたからである。つまり、線の有無によって、胸の盛り上がり具合が示唆されている。そして最大の特色は、胴体を貫く体中線だ。これも胸の場合と同様、胴体でもっとも暗い部分をあらわした線で、微妙なカーブによって胴部の起伏を示している。そして腹部も、従来のような文字どおり「シックスパック」になった腹筋を描くのではなく、短い縦線を一本だけ用いて、筋肉の凹みを示唆している。このような描法は、まさに究極の「明暗法」といえるだろう。アンティフォンの画家が独特なのは、面全体の明暗のグラデーションを、ごくわずかな絶妙な線によって置き換えている点である。人体の正確なデッサンは、ルネサンス以降、画家に必須の基本技術となるが、その原点は、それよりはるか以前のアンティフォンの画家にあったのである。そしてこの画家のデッサンの対象は、もっぱら運動選手だった。

彫刻においても、運動選手は神々と並んで不可欠な対象だった。ギリシア彫刻の名作には、すでに見たディスコボロスやディアドゥメノスのように運動選手をあらわしたものが多いが、その運動選手の影像を、どこよりも数多く目にすることができたのがオリンピアだった。現在の遺跡の状態からするとにわかに信じがたいが、神域には三〇〇〇体以上の影像がおかれていたという。スポーツの祭典の場であったオリンピアは、ギリシア美術の美の殿堂でもあったのである。

第4章 スポーツを科学する

身体運動の動作分析

深代千之

バイオメカニクスからみるスポーツ

オリンピックの選手といえども、私たちと同じ人間である。彼らは、生まれながらにして特殊な身体的機能を備えているわけではない。逆にいえば、私たちは誰もがオリンピック選手になれる可能性をもっている。私たちは、自分たちの身体の動きの仕組みを学ぶことで、かなり自分の運動能力を向上させることができる。

かつて、スポーツ選手の育成に精神論が幅をきかせていた時代があった。しかしながら今日、世界レベルでスポーツ選手を育成するには、より科学的な裏付けが必要となっている。スポーツバイオメカニクスの研究領域が、スポーツ選手の育成にはたす役割が重要度をましているのである。「バイオ」

は生命や生物、「メカニクス」は力学を意味する。スポーツバイオメカニクスは、身体の動きの仕組みを観察・分析し、身体運動能力の向上に貢献する科学である。

オリンピック選手であれ、運動があまり得意でない人であれ、運動能力を向上させるためにはどうすればよいか。バイオメカニクスの研究成果はその方法を教えてくれる。科学とは普遍的な真実を追究する。したがって、人間の身体を研究対象とするスポーツバイオメカニクスも、どの人にもあてはまる「真実」を提示することが、その使命となる。

ただし、オリンピック選手になるような人には、そのさきの段階がある。常人から超人への道である。常人が、オリンピックをはじめとする世界大会に出場する「超人」になるには、コーチと選手との間で体力を高め、かつ技術を磨いていくことが必要とされる。今日のオリンピックでは、夏季大会と冬季大会をあわせ四〇〇をこえる種目で、選手がたがいにその力を競う。オリンピック出場の切符を手にするために、スポーツ選手は、それぞれの競技に見合ったトレーニングのメニューをこなす。彼らの最終的な目的は、金メダルを授与される勝者として表彰台に上がることである。

本章では、スポーツバイオメカニクスの視点から、さまざまなスポーツを構成する基本動作のうち「走る」「跳ぶ」「投げる」の三つに焦点をあてる。これらは、古代オリンピックから今日のオリンピックにいたるまで、多くの競技種目に共通する基本的な動きである。またこれらの動作は、私たち一般人の日常生活においても、ごくありふれた動作である。人間にとってありふれた動作を「科学する」のが、本章の目的である。さらに、本章の末尾では、ドーピングの問題にも言及する。本章で学んだことを念頭においてオリンピックの競技を観戦すると、これまでとは違う科学の視点から楽しむことができるだろう。

走る

「走る」という動作はさまざまなスポーツの基本である。

まず、男子一〇〇メートル走の世界記録の変遷を見てみよう(図1)。縦軸が記録で、横軸は記録が出た年(西暦)である。日本記録として残されている最初の数値は、一九一〇年代の一二秒である。はじめての世界公認記録は、一九一〇年代の一〇秒六である。人類が最初に九秒台の記録を打ち立てたのは、一九六八年のメキシコシティで開催されたオリンピックでのことである。その後、記録はどんどん塗りかえられ、現在世界最速とされるウサイン・ボルト選手の記録は九秒五八である。世界記録を基準に考えると、一世紀でおよそ一〇メートル速くなっているということになる。一〇〇年前の世界記録保持者が九〇メートル地点を走っているときに、ボルト選手は一〇〇メートルのゴールに到達しているという計算である。日本記録に関していえば、一九八〇年代にはいって記録の更新があいついだ。しかしながら、一九九八年に伊東浩司選手が一〇秒〇〇の記録を出して以降、記録は更新されていない。

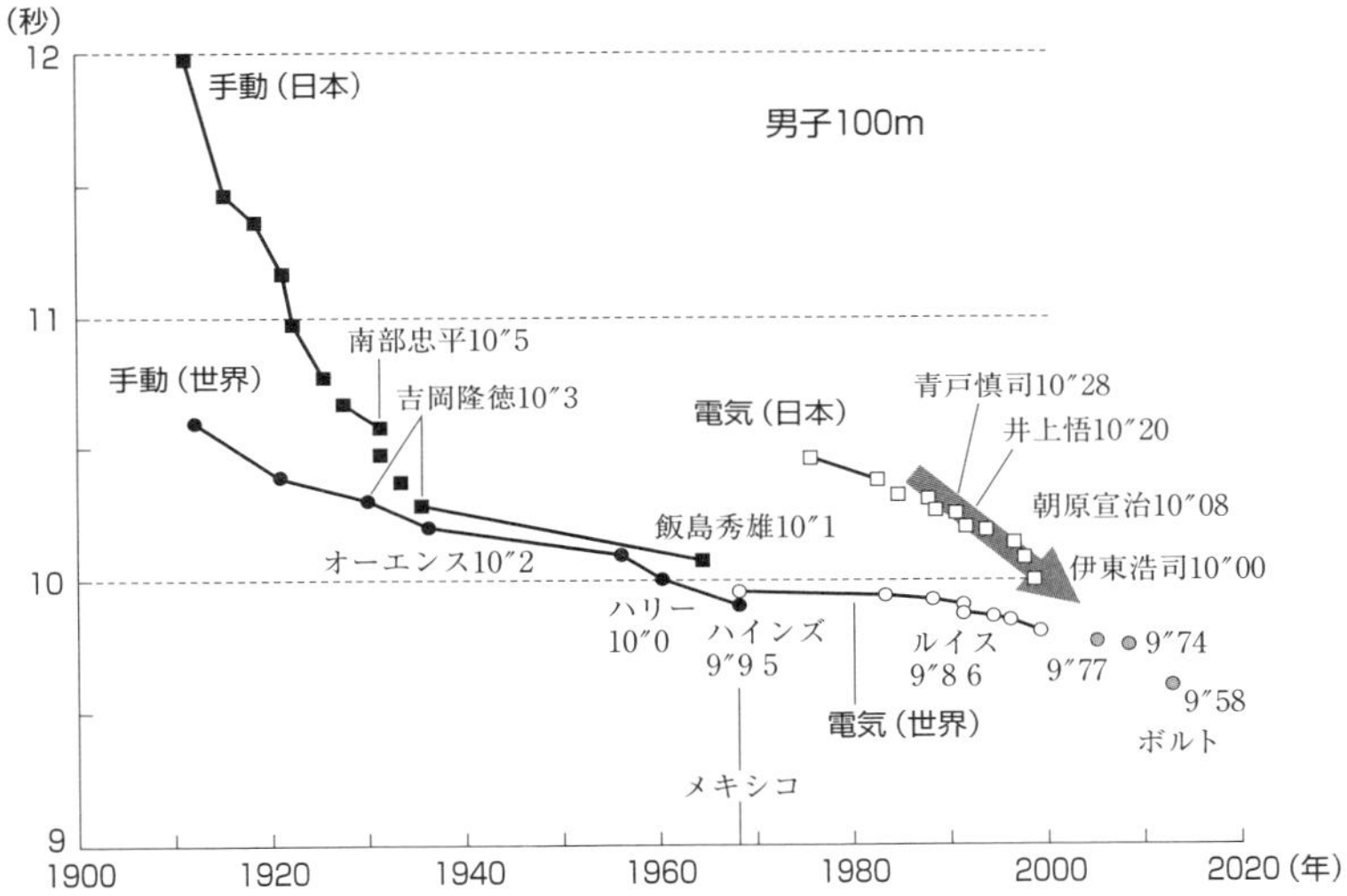

図１　男子100メートル走の世界記録の変遷

〔出典〕深代千之『〈知的〉スポーツのすすめ――スキルアップのサイエンス』2012年

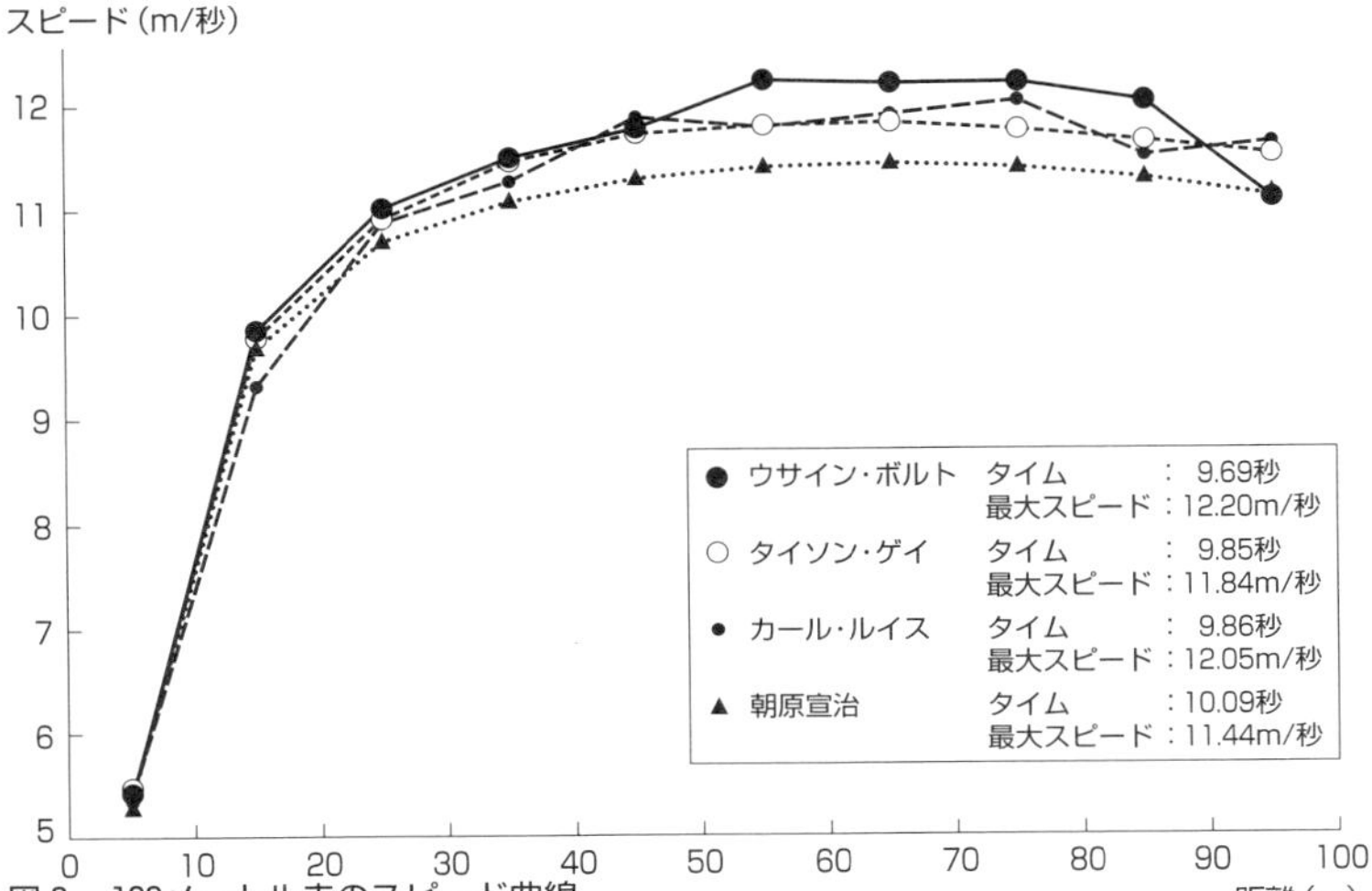

図２　100メートル走のスピード曲線

〔出典〕JISS松尾彰文研究員提供，深代千之『〈知的〉スポーツのすすめ――スキルアップのサイエンス』2012年

一〇〇メートル走のスピード曲線から、ボルト選手の走りの特徴をとらえよう（図2）。この図に示されているのは、北京オリンピック（二〇〇八年）の一〇〇メートル走決勝時の、ボルト選手の一〇メートルごとのスピード（秒速）である。世界トップレベルのタイソン・ゲイ選手、カール・ルイス選手、そして日本からは朝原宣治選手の記録を、比較のためにあげた。

このスピード曲線からわかることは、五〇メートルを過ぎてからのボルト選手の最大スピードが、他の三選手より突出して速いということである。五〇メートル地点までは、ボルト選手のスピードはゲイ選手やルイス選手とほぼ同じである。しかし五〇メートルを過ぎてからも加速し、最大スピードは毎秒一二・二〇メートルに達している。これはゲイ選手やルイス選手より毎秒〇・四メートルも速い。一〇メートルの距離で四〇センチの差がつく計算である。一〇〇分の一秒を争う競技で、この差は大きい。

ボルト選手の速さの秘密はどこにあるのか。走行時、人には地面から前後方向に受ける力（地面反力）が働く。この力は、ブレーキとしてのマイナス面と、キックとしてのプラス面を備えている。このマイナスとプラスのそれぞれの面積を力積という。プラスの力積がマイナスの力積を上回ると、加速が可能となる。ボルト選手の場合、五〇メートルを過ぎてもなお、プラスの力積がマイナスの力積より大きかったことになる。このため、他の選手より加速しながら走る時間（加速局面）が長くなり、その加速によって、他の選手の追随を許さない最大スピードで走ることが可能となるのである。

では次に、どうやったら速く走れるのかをみてみよう。バイオメカニクスの動作分析により、速い記録をもつ選手ほど、走行中にある関節に力を入れ、その関節を大きく使って走っていることが明らかとなった。それはどの関節だろうか。股関節だろうか。膝関節だろうか。それとも足関節だろうか。答えは、股関節である。

ひと昔前までは、速く走るために腿を高く上げるよう指導するのが一般的だった。しかし、この指導法は科学的な裏付けをもっていたわけではない。コーチの観察やビデオ映像から、速く走る人は腿が高く上がっているという情報をえていたにすぎない。今日では、バイオメカニクスの動作解析の結果、速く走る人は股関節をうまく使っていることがわかっている。

速く走るために重要なのは、腸腰筋を使って股関節を持ち上げ、すばやく脚を振り上げる動作を生み出すことである。腸腰筋の位置は次のやり方で知ることができる。椅子に着席し、両手を膝においてみよう。次に、椅子から腰を上げ、両手を下に向かって押してみよう。このとき、力がはいっているると自分が感じる腿のつけ根の位置にある筋肉が腸腰筋である。脚を振り上げたとき、膝関節にも足関節にも力がはいらずリラックスした状態で、膝全体がムチのようにしなって見える脚の運びが理想である。そして、もう一つ、脚の振りもどし、つまり地面のキックである。このキック動作は、膝を曲げて伸ばすということではない。股関節から下の部分を棒のようにして前から引きもどすのがコツである。

ウォーキングにおける骨盤の回転パターン(図3)に示されているように、人が歩く際には、右脚が前に出るときには右腰が前に、左脚が前に出るときには左腰が前に出る。かつては、走っているときも、脚と腰(骨盤)の動きは歩いているときと同じだ、と考えられていた。ところが実際は違っていた。走っているときは、右脚が前に出て着地する時点で、右腰はすでに後方に向かって引かれていることがわかった(図4)。つまり、走行時には、腰の引きをうまく使って、脚全体を引きもどす動作をしていることになる。

歩く動作と走る動作では、腰(骨盤)の動きと肩の動きにも違いがある。歩く場合は、右腰が出ると、左肩が出る。走る場合、速度が遅いジョギングのようなときは、腰と肩は、歩いているときと同様の動きになる。しかし、速度があがるにつれて、動きは変化する。速くなると、腰と肩はほぼ同じ動きをするようになる。右手右脚、左手左脚という、同じ側の手脚を同時に出す「ナンバ走り」といわれる動きである。前に出す脚と同じ側の腕を振り、肩を振ることで、腰と股関節がうまくねじられ、その結果、脚がうまく引きもどされるという仕組みである。

ところで、モノをもって走るのと、何ももたずに走るのと、どちらが速く走れるだろうか。速く走るにはモノはもたないほうがよい。末端が重いと、それがおもりになってしまうからである。これは脚も同じである。速く走るには、股関節の周りの体幹の筋肉を鍛え、手足の末端は細いのが理想的な体形である。ボディビルダーのような身体の陸上選手はいない。イメージとしては、競走馬のサラブレッドのような身体になることである。馬は体幹が筋肉のかたまりで、脚は細い。

日本人の短距離の陸上競技選手は一九八〇年代から好記録を出すようになった。その背景には、ここに述べたような科学的な分析結果をもとに、選手とコーチがトレーニングを工夫し、選手が自分自

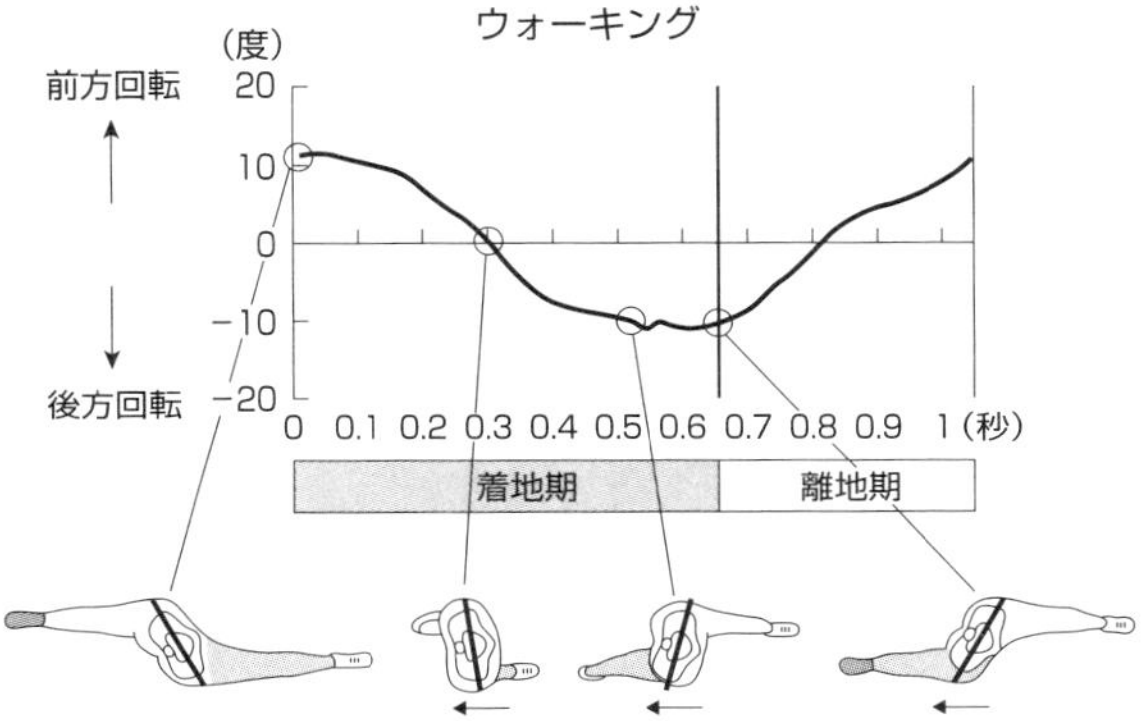

図 3　ウォーキングにおける骨盤の回転
〔出典〕伊藤章『月刊陸上競技』2005年 8 月号

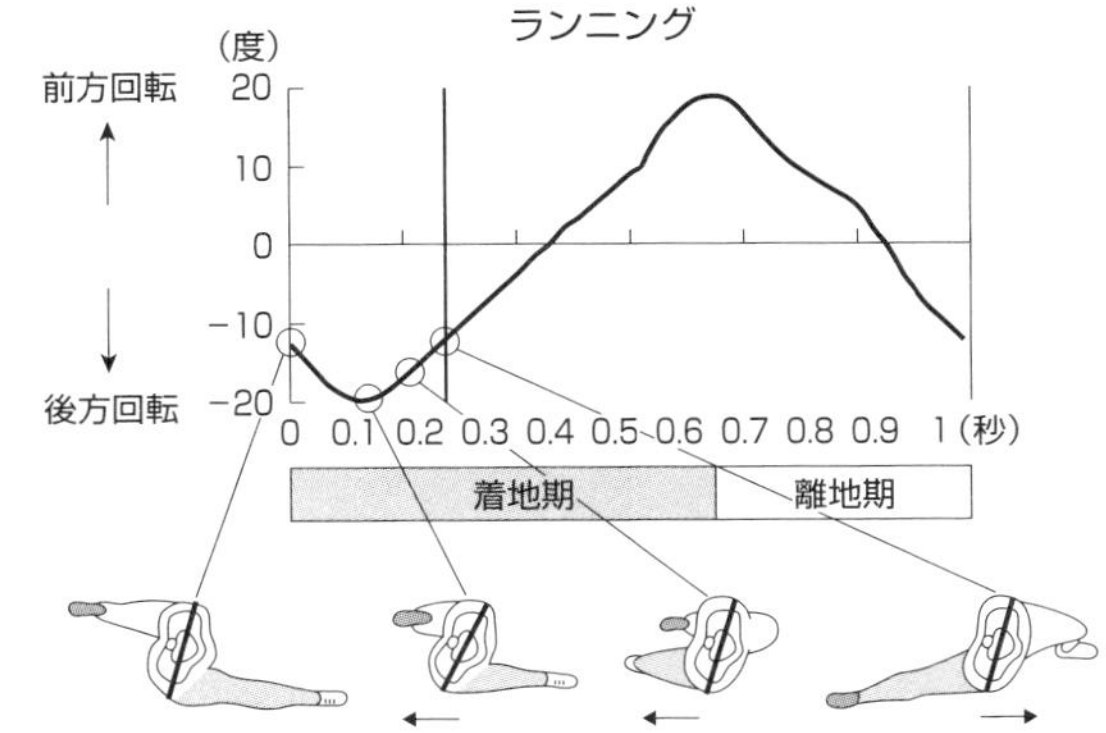

図 4　ランニングにおける骨盤の回転
〔出典〕同上

身の動きと身体をねりあげていったことがある。股関節周りの体幹の筋肉を鍛えるという目標を定め、身体のデザインを変えていったのである。一〇〇メートル走の日本記録保持者伊東浩司選手の身体の変化からも、そのことは明瞭に読み取れる(図5)。

伊東浩司選手だけではない。日本陸上界は、世界レベルで戦える選手を着実に輩出するようになった。例えば、二〇〇三年の世界陸上大会での末續《すえつぐ》慎吾選手の二〇〇メートル走銅メダル、〇一年と〇五年の同大会での為末大《ためすえだい》選手の四〇〇メートルハードル走銅メダルである。これらの成果は、もともと才能のあった選手がたまたま好成績を残したのではない。人間の身体運動の研究成果、つまりバイオメカニクスの研究が結実し、速く走るためにはどの筋肉を鍛えればよいか、どのように走ればよいか、科学的にわかるようになったためである。目標が明確になるということは、とても大切なことである。日本陸上界が、科学にもとづいた選手のレベルアップをはかれるようになったことが大きい。「アジア人は短距離では通用しない」という定説は、科学の力で覆すことができた。

日本のスプリント陣のレベルアップは、オリンピックでのメダル獲得が実現するところまできた。二〇〇八年の北京オリンピックにおける、男子四〇〇メートルリレーでの銅メダル獲得までの道のりについてみてみよう。

一九八八年のソウル・オリンピック以降、私は日本陸連の科学委員会に所属して、スプリントチームのさまざまなサポートに従事した。その一つがリレーの強化である。選手の身体各部の筋力をチェ

図5　伊東浩司選手の身体の変化　21〜28歳

ックし、動作解析にもとづいて、選手とコーチに理想の走り方を示した。加えて、四〇〇メートルリレーでは、バトンパスの良し悪しがタイムに大きな差を生むことに着目した。日本人の個人のスプリント能力では、とてもアフリカ系選手にかなわない。しかし、バトンパスをするときのスピードロスを極力抑えれば、チーム全体の記録をかなり縮めることができると考えた。アメリカチームの選手個々人は、いずれも非常に高い能力をもっている。しかし、個人の能力に頼りきって、試合当日のウォーミングアップでようやくバトンパスの練習をする程度だ。日本チームがつけいる隙はここだと、私は踏んだのである。

バトンパスでタイムロスをするか否かは、「受け手のダッシュのタイミング」にかかる。

バトンの渡し手はできるだけスピードを維持し、受け手のダッシュスピードが十分にあがったところでパスできるのが理想だ。

競技会や練習でバトンパスをビデオ撮影し、二〇メートルのバトンゾーン（受け渡し区間）を中心に全長四〇メートルの範囲で、バトンの渡し手と受け手のスピード曲線を二メートルごとに算出した。そのうえで、スピードロスを最小限に抑えるための科学的なサポートをおこなった。

バトンゾーン前後のバトンの受け手と渡し手のスピード曲線を見てみよう（図6）。ここに示されているように、バトンの渡し手は、バトンを渡す前から徐々にスピードを落としている。これはかなりのタイムロスといわざるをえない。バトンパスの際のロス時間をデータとして記録し、コーチと選手にフィードバックした。これらのデータをもとに、渡し手のスピードが維持されたままでバトンパスがおこなえるよう、受け手

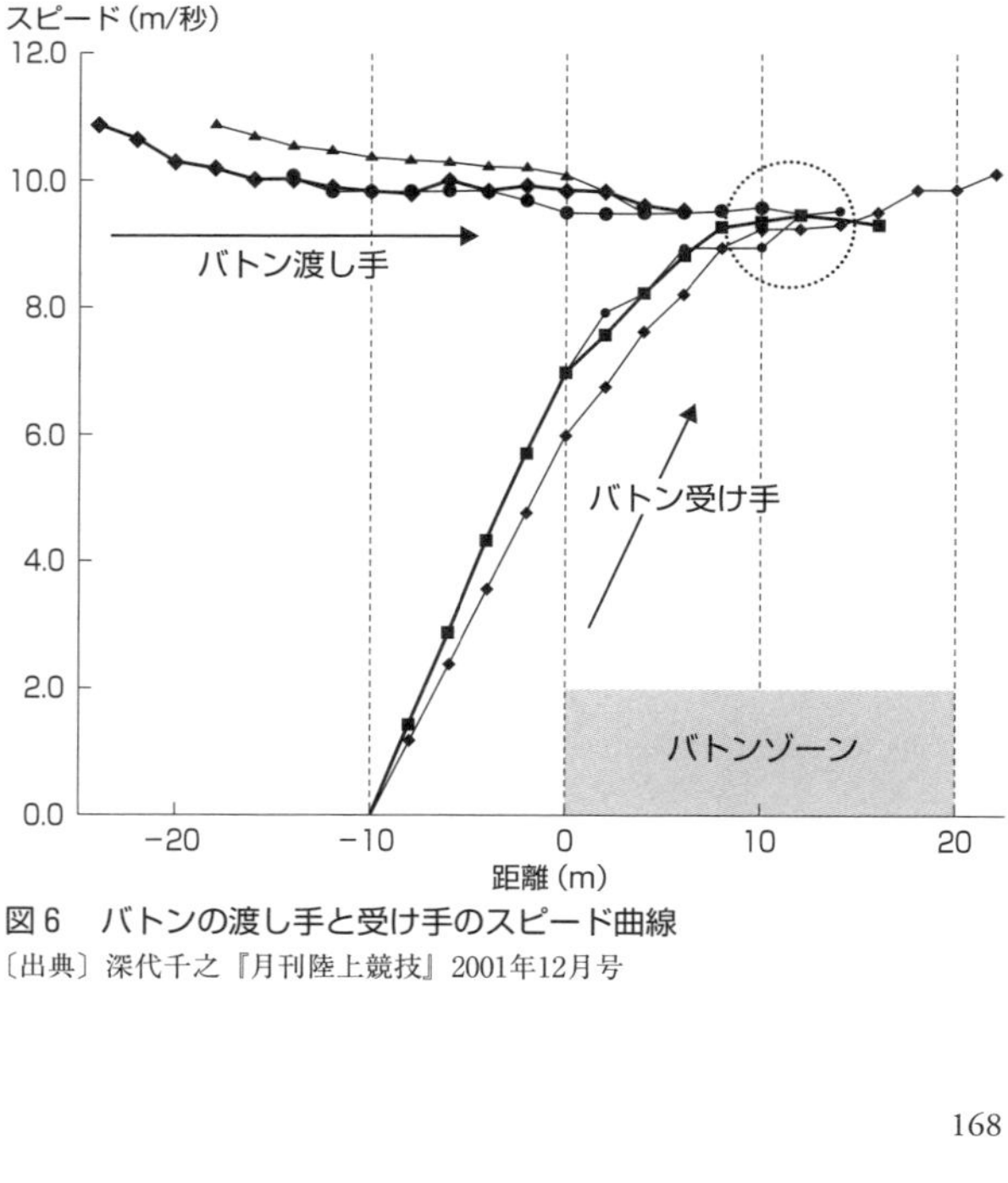

図6　バトンの渡し手と受け手のスピード曲線

〔出典〕深代千之『月刊陸上競技』2001年12月号

のダッシュのタイミング練習を、選手たちは積みかさねたのである。

以上のような科学的サポートを、私は一九九〇年頃からおこなってきた。地道で時間のかかるサポートだった。しかしこのサポートが、コーチをつうじ選手のレベルを着実にあげていった。それが二〇〇八年の北京オリンピックでの銅メダルに結実したのである。日本陸上トラック競技男子として初のオリンピックメダル獲得は、直接・間接にサポートしてきた立場として、じつに喜ばしいできごとだった。

跳ぶ

「跳ぶ」という動作は、人が地上で無重力感覚を体感できる唯一の運動である。「跳ぶ」ということは、自力で身体を空中に投げ出すことを意味する。人の運動のなかでも、発揮されるパワーがとても大きく、もっともダイナミックな運動といえる。

かつてマイケル・ジョーダンという選手がいた。ＮＢＡ（アメリカバスケットボール協会）のシカゴ・ブルズで活躍した選手である。彼は滞空時間が長いことで知られ、「エア・ジョーダン」のニックネームで親しまれた。彼は跳躍して二秒間空中にいると評された。そのようなことは可能だろうか。

この問いについては、落下の運動方程式「高さ（ｍ）＝〇・五×重力加速度（九・八）×（時間〈秒〉の二乗）〈$h=1/2gt^2$〉」に数値を入れて計算すれば、簡単に答えがでる。二秒間空中にいるということは、跳躍して上昇に一秒、下降に一秒かかるということである。したがって、「時間」は「一」ということになる。一を二乗しても一である。したがってジャンプの高さは四・九メートルという解がえられる。空中に二秒いるためには、およそ五メートルの高さまで跳躍しなければならないということだ。走り高跳びの世界記録は、キューバ人のハビエル・トソマイヨール選手の二メートル四五センチである。ジョーダン選手は、この世界記録の二倍以上の跳躍をしなければ空中に二秒いることはできない。

では実際、ジョーダン選手はどのくらいの高さまで跳んでいたのだろうか。ジョーダン選手の身長は一メートル九八センチ。彼は、ダンクシュートのとき、頭頂がゴールリングの三メールとほぼ同じになる高さまで跳んでいた。上昇高は、一メートル七センチであった。この高さを跳ぶための初速度は、片足踏切の世界記録に近い値になる。ダンクシュートは両足で踏みきる。とはいえ、ジョーダン選手は、陸上競技で跳躍を専門とする選手に匹敵するジャンプ力をもち、かつボールを自由自在に扱っていたことがわかる。

ジョーダン選手の滞空時間にまつわる逸話は、このように具体的な数値を計算すれば、とても不可能であることが容易に理解される。「空中に二秒」という表現は、人並外れたジョーダン選手の優れた跳躍力をたたえる、科学とは異なる「感嘆表現」ということになる。

では、「跳ぶ」という動作のメカニズムがどうなっているのかを学ぼう。

地球上では、人間の身体を含め、すべての物体に地面に向かう(下に向かう)重力が働いている。地球上で人間の身体を地面から上方向に離す、つまり跳躍をするためには、重力よりも大きな力を地面に向かって加える必要がある。身体を上昇させる力は、踏みきったときに地面を押す力(地面反力)と体重の差であらわすことができる。つまり、跳ぶ高さは、踏みきったときにどれだけ体重より大きな地面反力の力積を発揮できるかで決まるということになる。

地面反力は、身近なところで実感できる。体重計に乗ってみよう。膝を軽く曲げ伸ばして上下に動いてみる。すると、体重計の針が左右に動く。この針の示す値が地面反力である。フォースプレートという、体重計と同じ機能をもつ精密機器がある。この機器で縄跳び程度の跳躍運動を測定してみると、体重の三~五倍の地面反力であることがわかる。つまり、体重七〇キロの人が体重計の上で縄跳びをする場合、体重の五倍の地面反力、すなわち三五〇キロの力が加わることになる。体重計は壊れてしまうだろう。

別の例を考えてみる。一人あたりの体重を七〇キロと想定した一〇人乗りのエレベーターに、体重七〇キロの人間が二人乗ったとしよう。このエレベーターで、二人が同時に縄跳び程度の跳躍をしたとする。一人の地面反力は三五〇キロなので、二人で七〇〇キロとなる。一〇人分の体重、もしくはそれをこえる重さの負担を、二人の跳躍はエレベーターに与えることになる。非常に危険な行為である。これほどまでに、跳躍とは発揮するパワーが大きい運動なのである。

体重計の上やエレベーター内での跳躍は、身体が静止した状態からの動きである。しかも、実際の運動競技では、助走からの一連の流れのなかで踏みきり、跳躍にいたるのがふつうである。この場合でも、相当大きな地面反力が発揮される。前述した二メートル四五センチの走り高跳び世界記録をもつソトマイヨール選手の場合、体重が八五キロで、身体重心の上昇高は一メートル四五センチに達する。彼の平均地面反力は約二〇〇キロという数値が計算される。体操の白井健三選手は、体重が五一キロで、床運動時の身体重心の空中の上昇高は一メートル三九センチに達する。彼の平均床反力も約二〇〇キロと推定された。

では、跳躍運動では、身体のどの部分がおもに働いているのだろうか。

カンガルーは、動物界の跳躍のチャンピオンである。カンガルーの一回の跳躍距離は一三メートルにも達する。しかも、この距離を連続して跳躍するのである。カンガルーがこのようなダイナミックな跳躍ができるのは、反動を使ってアキレス腱のバネ効果をうまく利用しているためである。

反動とは、主動作の前に一度逆方向の予備運動をおこなうことで、次に続く主動作の運動をより効果的にダイナミックにする動きである。垂直跳びを例にとってみよう。直立の姿勢から、予備運動として一度身体を下方向に沈みこませる。そのあとに上方向に踏みきる。この一連の動作が反動である。この反動動作では、おもに働く筋と腱(筋腱複合体)が、一度引き伸ばされてから短縮することで、より大きな力を発揮することが可能となる。反動による効果においてもっとも大きいのは、腱の弾性エネルギーを利用して、筋の出力をあげることである。「バネがある」という表現の「バネ」とは、筋の弾性を意味している。

踵の位置の比較図と、カンガルーのアキレス腱を見てみよう（図7）。ヒトと比べて、馬やカンガルーは足部が長い骨格に進化した。その結果、アキレス腱のバネ機構がより効果的に使われる形状となった。カンガルーは、大きな地面反力で踏みきり、長く発達したアキレス腱の伸び縮みによって反動動作を繰り返す。その結果、腱の貢献によって、少ないエネルギー消費で運動を続けることができる。同様に、人間が縄跳びを何十回、何百回と続けられるのは、アキレス腱のバネ機構をうまく使っているからである。跳躍時のふくらはぎの筋肉の動きは、超音波を使って観察することができる。さらに、筋肉を筋と腱に分けて、それぞれの伸縮を測定することができる。図8は、縄跳びのような跳躍（ドロップ・ジャンプ）における筋と腱の伸縮の変化を示している。これにより、着地中に筋肉はまったく伸び縮みせず、腱（バネ）のみが伸び縮みしていることが、具体的な数値をとおして理解される。

跳躍にはさまざまな種類があるが、ここでは上述の縄跳びのような跳躍（ドロップ・ジャンプ〈ＤＪ〉）のほかに、足首だけを使った反動なしの跳躍（アンクル・ジャンプ〈ＡＪ〉）、スクワットからの跳躍（スクワット・ジャンプ〈ＳＱＪ〉）、反動をつけた跳躍（カウンタームーブメント・ジャンプ〈ＣＭＪ〉）に注目してみる。どの跳躍でも、筋の「力―長さ関係」を見たとき、ちょうどよい筋長、つまり至適長で筋が働いていることがわかる（図9）。さらに、筋肉の「力―速度関係」を見ると、筋は遅い局面、つまり筋自身が力を出しやすいところで働き、それ以外の非効率な部分は腱が補っていることがわかる

（図10）。跳ぶという動作において、腱がいかに重要な役割をはたしているかが、これらの実験結果からもみてとれる。

ＩＴ技術の急速な進歩にともない、今日、筋と腱（筋腱複合体）の働きは、パソコン上でシミュレーションすることが可能になっている。収縮要素（ＣＥ）、直列弾性要素（ＳＥＥ）、並列弾性要素（ＰＥＥ）の仕事を見てみよう（図11）。筋腱複合体のモデルに、下部を固定した状態で、そこにおもりを載せて筋を最大活動させる。このおもりを載せた部分の固定をすばやく解放（クイック・リリース）したとき、筋腱複合体全体、あるいは筋・腱それぞれが、どのような仕事をするかを、おもりの重さと筋の腱の長さ比を変えることで、筋と腱の仕事の変化をシミュレーションする。四つのグラフは、おもりの重さを徐々にましていった実験結果である。縦軸が仕事量（Ｊ）、横軸が腱の長さで、それぞれの腱の長さに対応する腱と筋の仕事量の割合が示されている。軽いおもりの場合、腱は長ければ長いほど大きな仕事ができることがわかる。おもりの重さがますとその割合は徐々に変化する。重いおもりのときは、筋が長いほうが（腱が短いほうが）大きな仕事をすることがわかる。

われわれ人間の身体はじつによくできたもので、筋と腱とがそれぞれの身体部位の仕事に見合った割合で配置されている。ふくらはぎのヒフク筋やヒラメ筋は、ほとんどが腱である。上述したように、腱が長いと軽いおもり（足部）で大きな仕事ができる。一方、お尻の筋肉（大臀筋）はほとんどが筋で、腱はわずかである。大臀筋は脚全体を使う、すなわち重いおもりをぶらさげている状態なので、重い

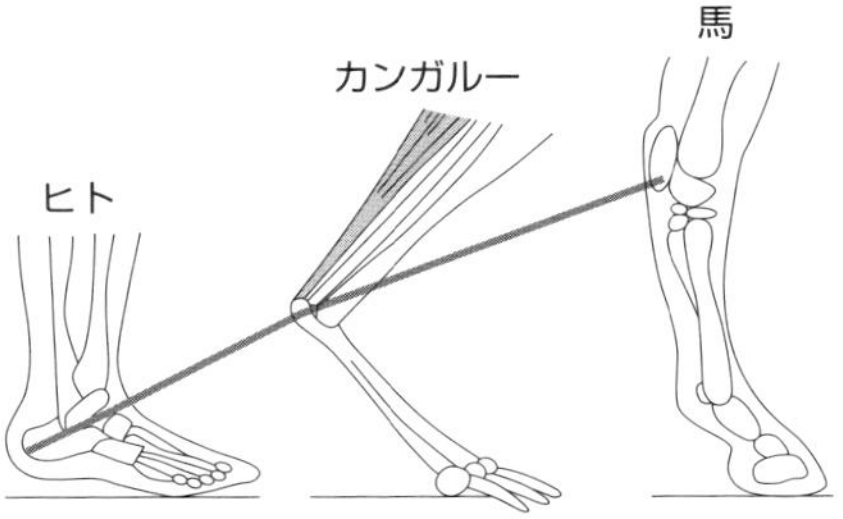

図7　踵の位置の比較とカンガルーのアキレス腱
〔出典〕深代千之『〈知的〉スポーツのすすめ――スキルアップのサイエンス』2012年

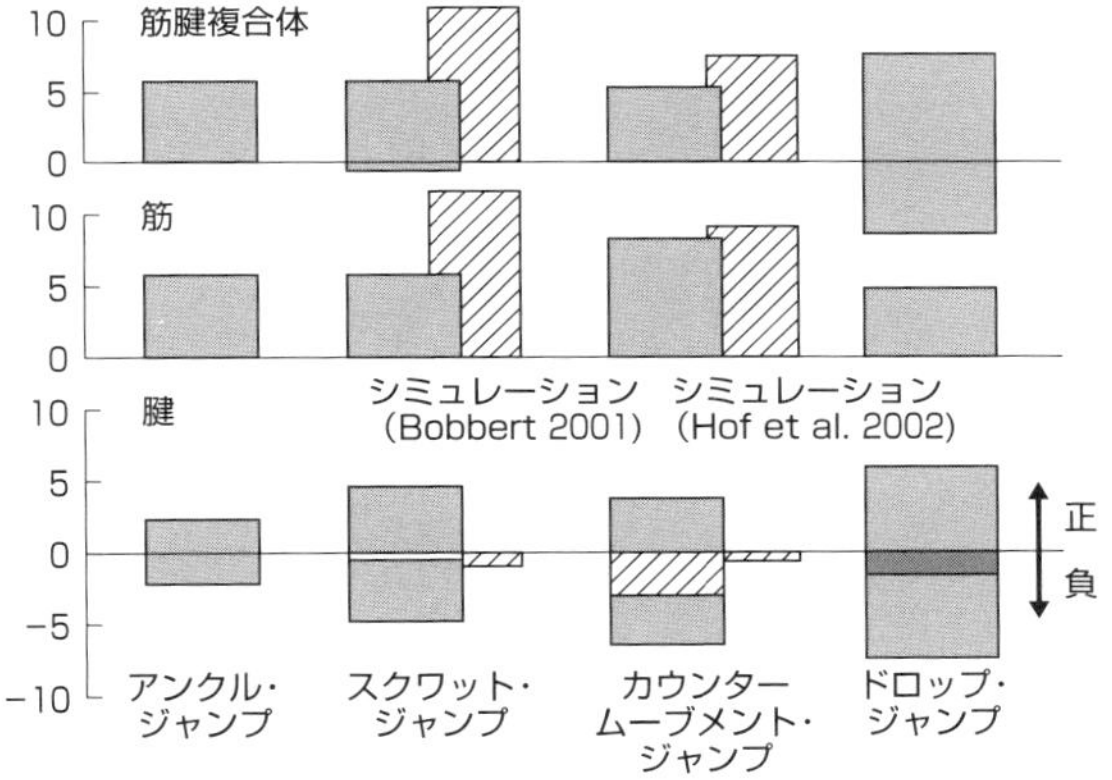

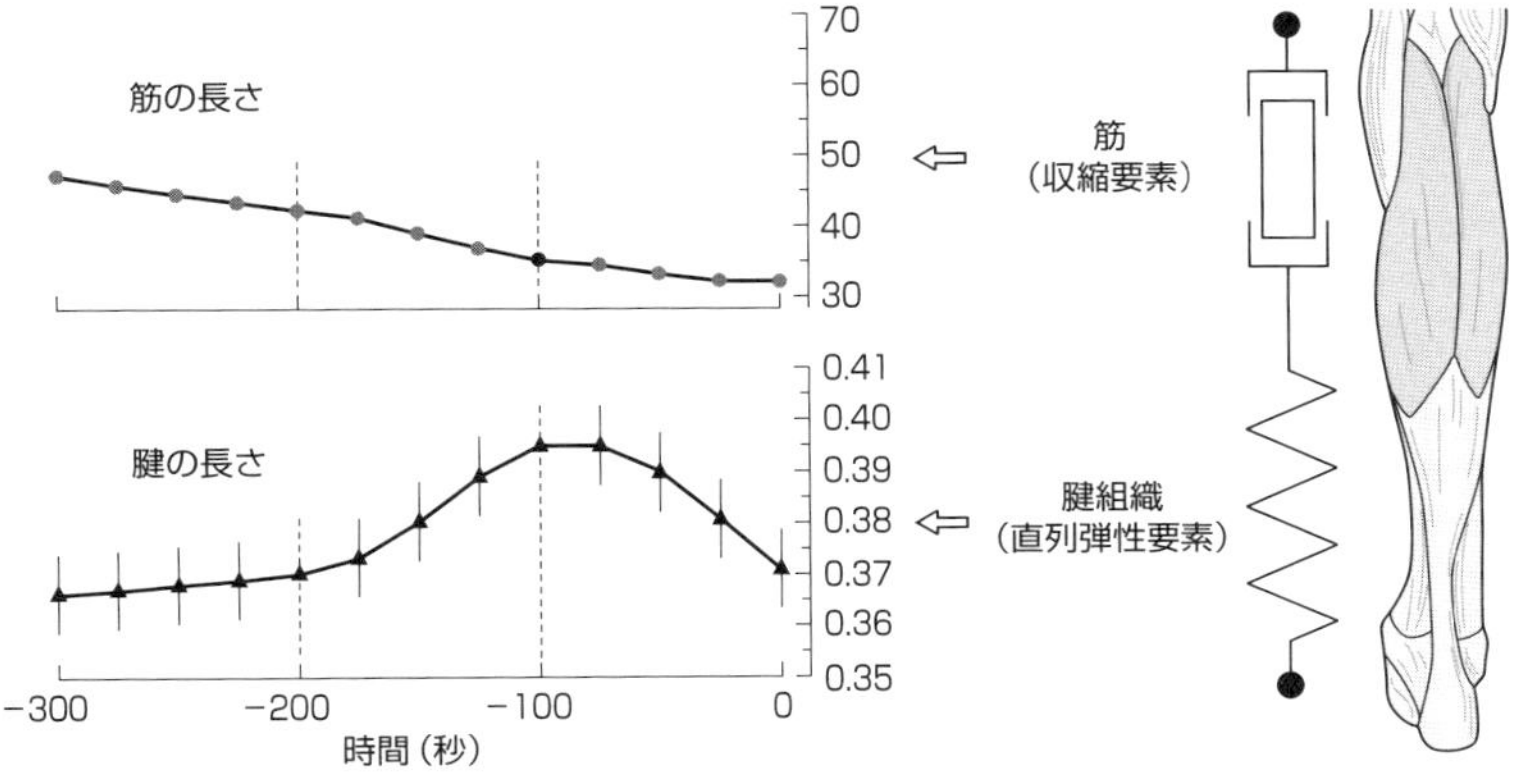

図8　ヒフク筋の仕事
〔出典〕Kurokawa ほか *JAP* 2001/2003

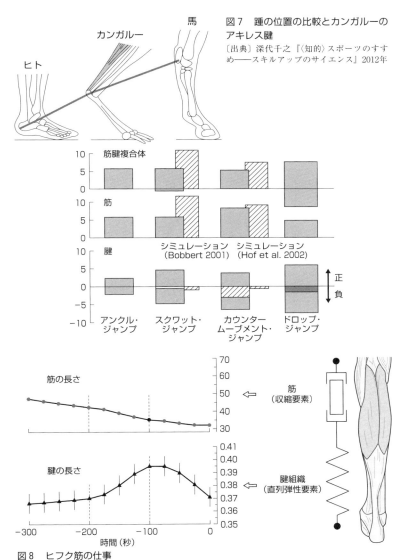

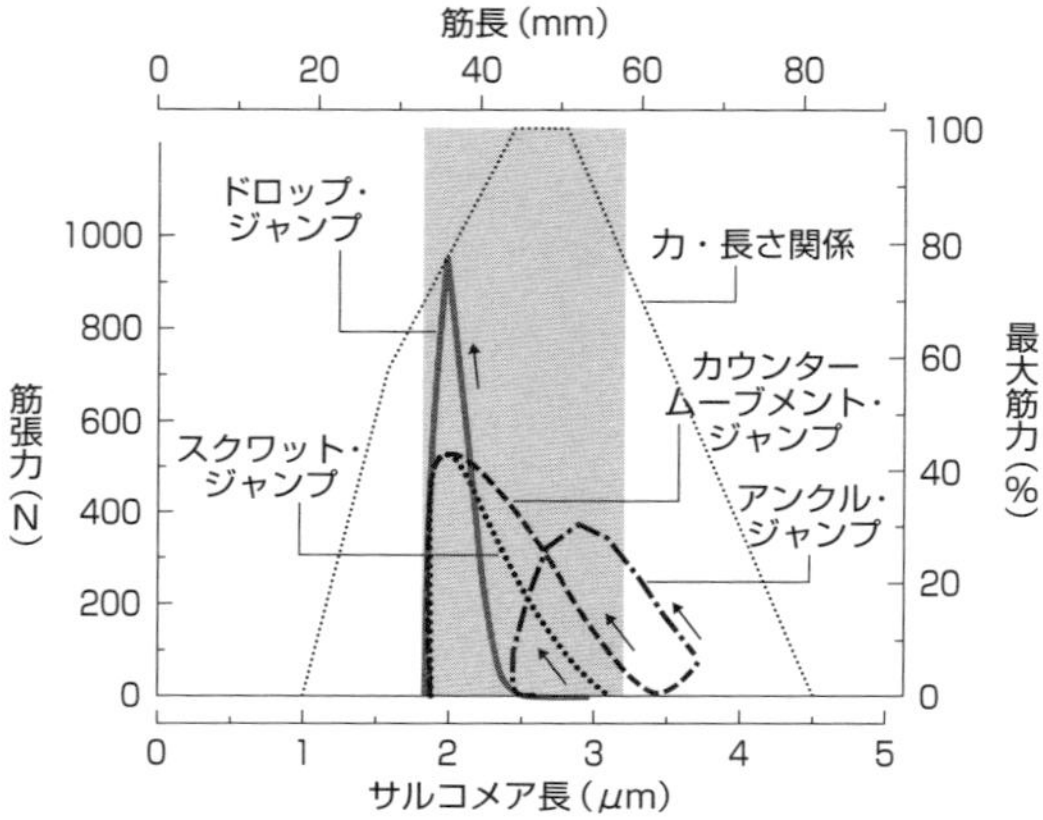

図9　ヒフク筋の力・長さ関係

〔出典〕Kurokawa ほか *JAP* 2001/2003, Fukashiro ほか *IJSHS* 2005, *JAB* 2006.

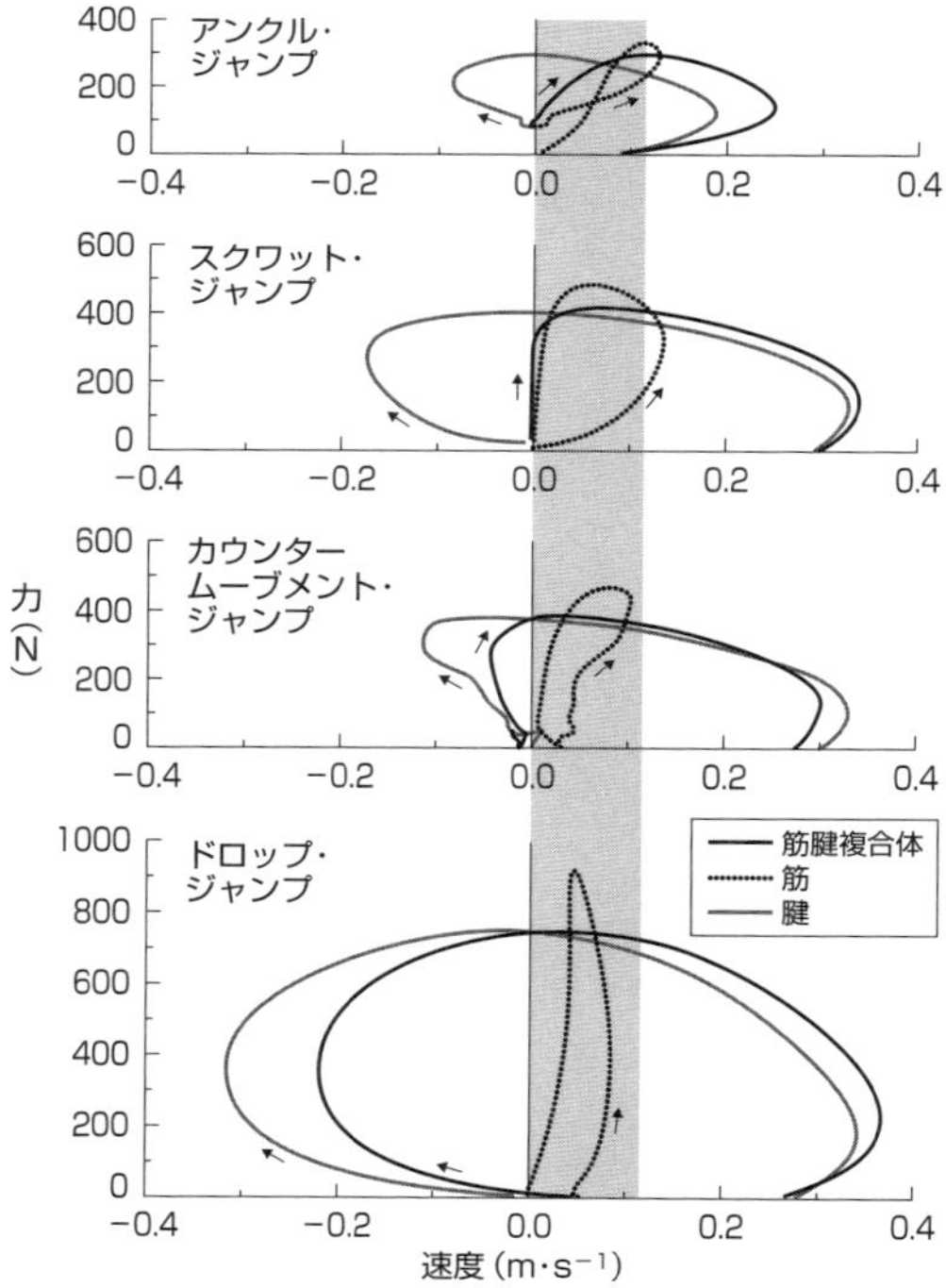

図10　力・速度関係

〔出典〕Kurokawa ほか *JAP* 2001/2003, Fukashiro ほか *IJSHS* 2005, *JAB* 2006.

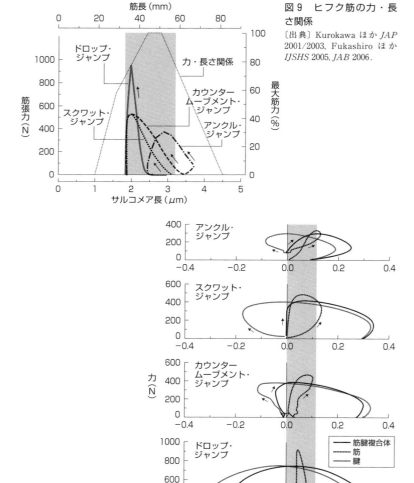

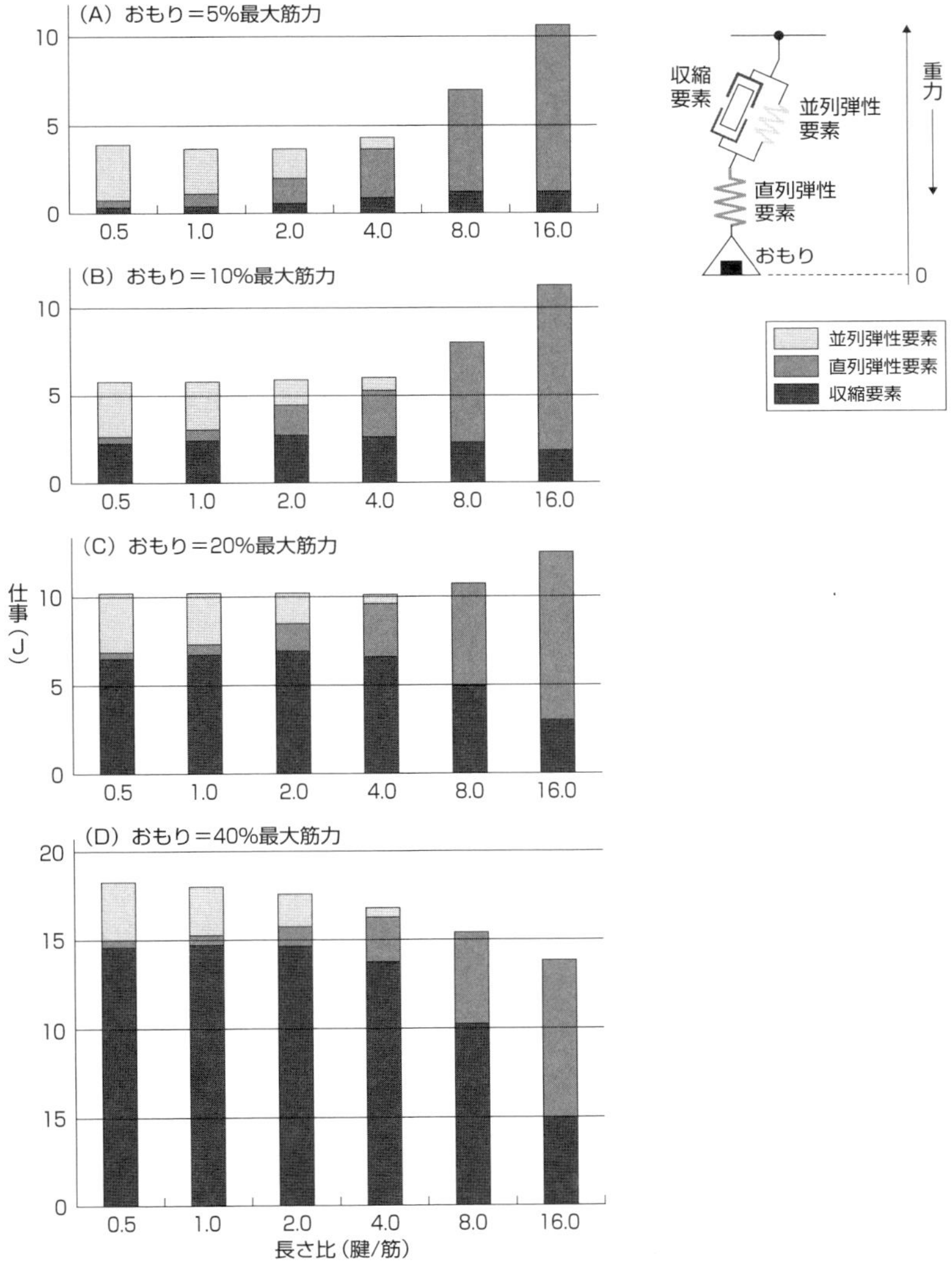

図11　収縮要素，弾性要素(直列・並列)の仕事

〔出典〕Nagano, Fukashiro ほか *JEK* 2004.

おもりでも大きな仕事ができるよう、筋の割合が大きいのである(図12)。

この節のしめくくりとして、跳躍の能力を高めるためには何を鍛えたらよいのか、コンピュータ・シミュレーションの結果をもとに提示しよう。たてられる問いは、筋・神経・骨格系のうちどの特性をトレーニングすべきか。張力を鍛えるのがよいのか。収縮速度を高めるのがよいのか。あるいは神経刺激を高めたほうがよいのか、という問いである。コンピュータ上でこれら三つの要素(最大筋力、最大速度、最大活動電位)を個別、および同時に増加させてみた。その結果が跳躍高の増加である(表1)。どの特性もトレーニングによって高められていることがわかる。とくに張力(筋の最大発揮張力)のトレーニングが、跳躍を高めるのに貢献しているのもわかる。ただし、跳躍高の変化(表1)に示されているように、三つの要素を個別に鍛えるより、同時に鍛えたほうが、より高い跳躍をえられることが、コンピュータ・シミュレーションの結果明らかとなった。

もう一つのシミュレーションは、腰・膝・足首のうちどこを鍛えればよいかという計算である。コンピュータ上で、股関節伸展筋群、膝関節伸展筋群、足関節底屈筋群を個別、および同時に強化して計算した。その結果が跳躍高の変化である(表1)。ここから明らかなように、高く跳ぶためには、膝関節を鍛えることが重要とある。また、個々の関節を個別に鍛えるのではなく、同時に鍛えるほうがより効率的に跳躍高を高めることができることもわかった。具体的には、バーベルを担いでスクワットをするようなトレーニングが効果的である。

投げる

ハンマー投げの室伏広治《むろふしこうじ》選手は、オリンピックで二度メダルを獲得している。二〇〇四年のアテネ・オリンピックでの金メダルと、二〇一二年ロンドン・オリンピックでの銅メダルである。アテネ・オリンピックでの優勝は、オリンピックと世界選手権をつうじて、投擲《とうてき》種目では日本人として初の快挙だった。

ハンマー投げで使用される鉄球は、男子の場合七・二六キロである。これは砲丸投の鉄球と同じ重さである。投げる際に身体を回転させると、遠心力が働く。室伏選手は自己ベストで八五メートルの距離まで投げる。その場合、遠心力は三五〇キロにもなる(表2)。おもり七キロの鉄球が遠心力で三五〇キロになるのである。通常、静止し直立した状態で三五〇キロの鉄球を持ち上げるのが無理だということは、容易に想像できる。ハンマー投げの選手は、回転しながら、この重さに負けないだけの力を発揮しなくてはならない。遠心力は、背筋の力とほぼ一緒である。したがって、背筋を鍛えることによって、遠心力に対抗できる求心力をえられることがわかる。

「投げる」という動作のなかで、ハンマー投げは一般的な投げ方とはいえない。ハンマー投など一度も経験したことがない人がほとんどだろう。本節では、「投げる」動作としてより一般的な、オーバーハンド投げについてみていく。

「投げる」という動作のなかでも、オーバーハンド投げは、素手でモノを投げようとする場合、も

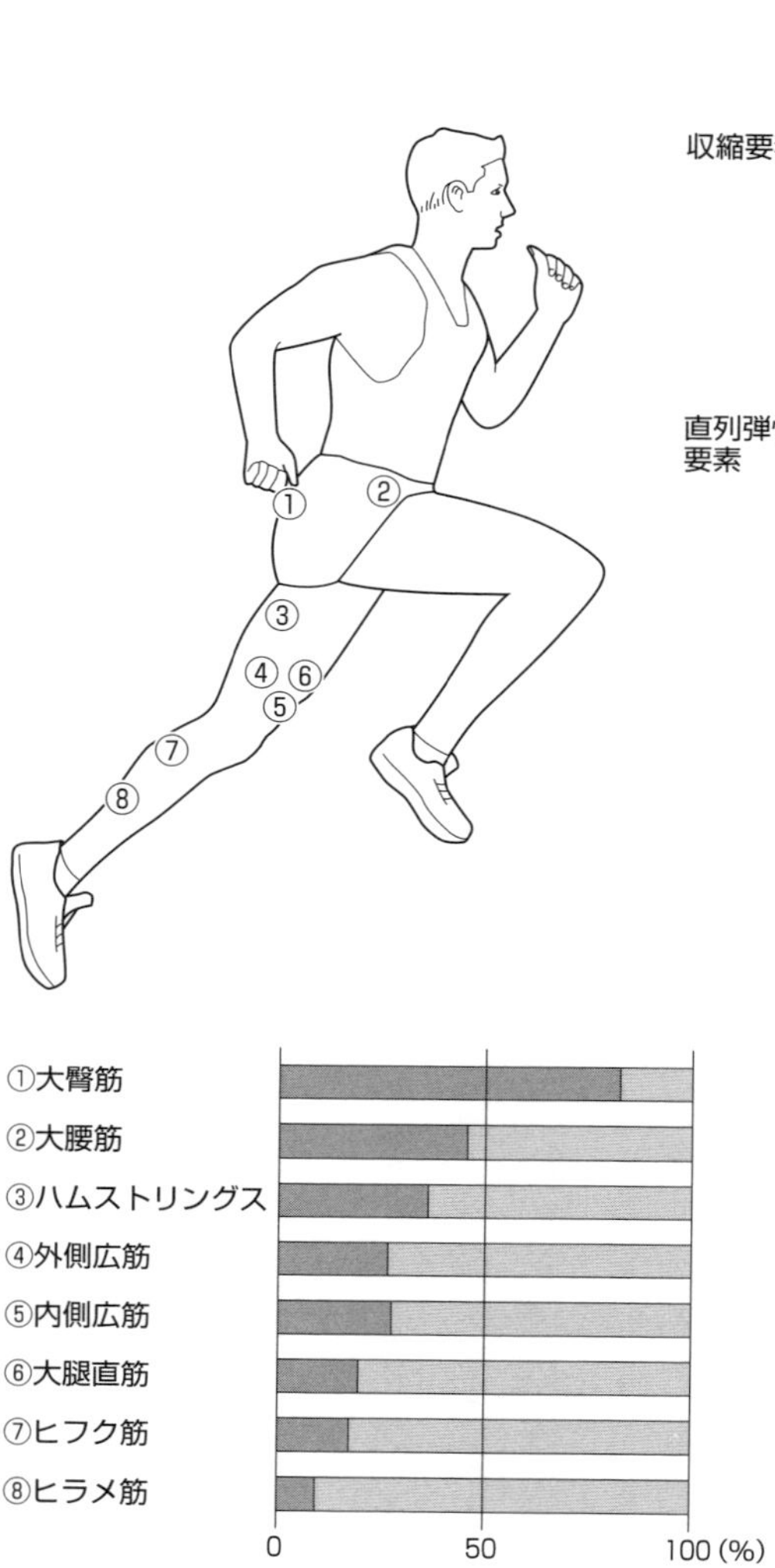

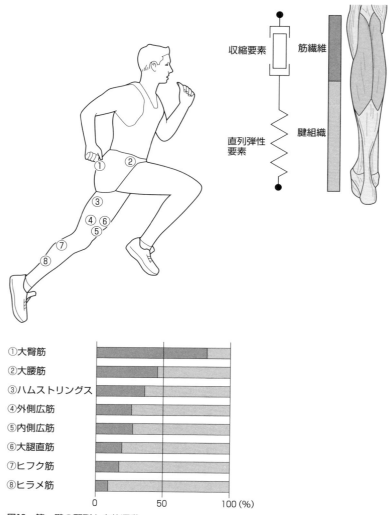

図12　筋・腱の配列と身体運動
〔出典〕Friederich, Brand *JB* 1990.

表1　跳躍高の増加の変化

トレーニング方法	跳躍高
最大筋力を鍛えた場合	+6.99cm
最大速度を鍛えた場合	+3.83cm
最大活動電位を鍛えた場合	+4.36cm
3つの合計	+15.08cm
同時に鍛えた場合	+16.62cm
腰を鍛えた場合	+1.68cm
膝を鍛えた場合	+9.61cm
足首を鍛えた場合	+3.15cm
3つの合計	+14.44cm
同時に鍛えた場合	+16.62cm

〔出典〕Nagano ほか, *JAB* 2001.

表2　遠心力

記録	30m	40m	50m	60m	70m	80m	85m
男子(7.26kg)	120	165	200	240	280	320	350
女子(4.00kg)	65	90	110	130	150	180	190

〔出典〕深代千之ほか『スポーツ動作の科学』2010年　(kg 重)

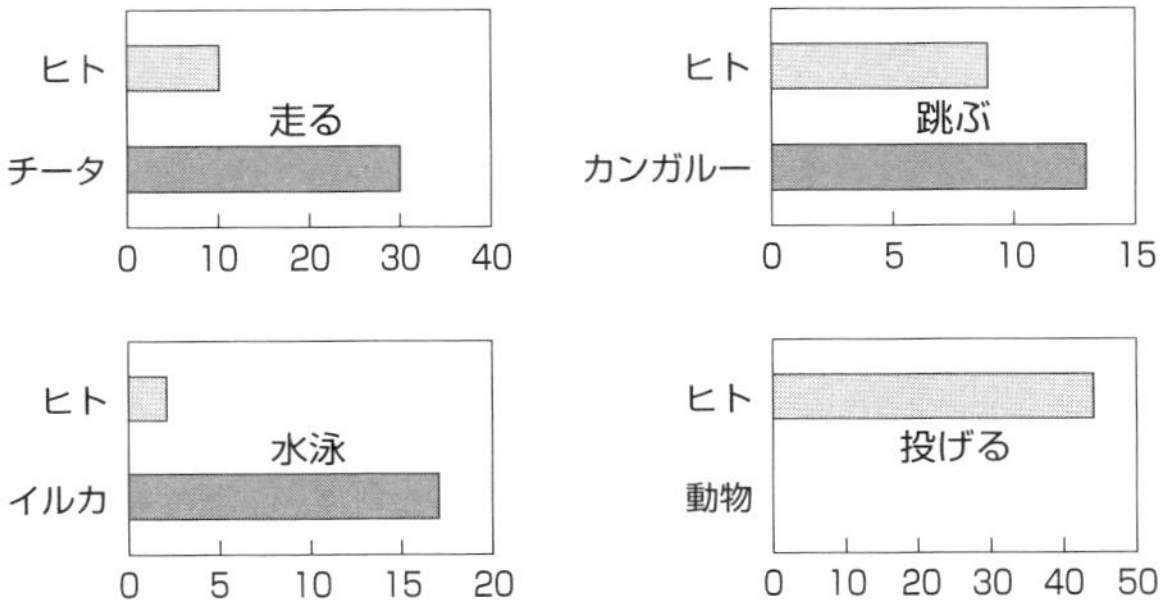

図13　ヒトと動物との運動能力の比較
〔出典〕中京大学，桜井伸二教授作図。

っとも遠くまで、速く投げられる投げ方である。オーバーハンド投げを使用するスポーツとしては、野球が代表的な例である。ピッチャーの投球だけでなく、ふつうのキャッチボールもオーバーハンド投げである。その他、水球やハンドボールでもオーバーハンド投げが用いられる。

このオーバーハンド投げは、人間にしかできない動作である。四足動物は人間のようにオーバーハンドでモノを投げることはできない。動物園で、猿やゴリラが糞を投げているのを目にした人もいるだろう。猿やゴリラは、オーバーハンドで投げていただろうか。否。彼らが糞を投げる動作はアンダーハンドである。猿やゴリラはアンダーハンド投げしかできないのである。

「投げる」という動作における人間と動物の違いは、骨格の構造の違いによる。四足歩行の動物の前肢(腕)は、肩に対して側面についている。つまり、肩甲骨は前肢を覆うように、縦についている。このため、肘を後ろに引くことができない。さらに、前肢でも体重を支えるので、各関節は柔軟性を失って十分にねじることができない。

一方、直立二足歩行をおこなう人間は、進化の過程で「投げる」ための骨格が準備されたといえる。解剖学的見地からいえば、肩甲骨が背中に配置されたおかげで、肩関節が自由に動かせるようになった。両肩の延長線上に肘を上げること、また肩から上腕部を内側や外側に回すことができるようになったことが、人間の「投げる」という動作に大きく貢献した。さらに「握る」「放つ」といった手の機能の発達もそれを助けた。

「走る」「跳ぶ」そして「泳ぐ」という動作では、人間の能力は動物の能力にはるかにおよばない。チーターは、一〇〇メートルを三秒で駆けぬける。走る能力にとくに優れた陸上選手でも、一〇〇メートルを走るのに一〇秒をかろうじて切る程度だ。カンガルーは一三メートルの跳躍を連続しておこなう。人間の跳躍は、走り幅跳びの男子世界記録でも九メートル弱だ。しかも、人間の跳躍は一回きりのものである。イルカは、五秒で一〇〇メートル以上泳ぐ。人間は大きく「水をあけられ」、世界レベルの競泳選手で四〇秒台後半である。これに対して、「投げる」――オーバーハンド投げをする――動物は皆無であり、人間の一人勝ちである。「投げる」という動作は、人間の証ということになる(図13)。

人間は脆弱な生き物である。「投げる」という動作は、弱い人間が自らの生存を維持するために備えた能力であると考えられる。太古の時代、この「投げる」動作が人の生存を助けたことは間違いない。人間は、走ったり跳んだりしても、凶暴な動物から逃げきることはできない。しかし、槍を投げることによって、襲ってくる動物から身を守ることができた。それに加え、狩猟の道具として槍を投げることで、食料をえることができた。

では、人間の証明といえる、オーバーハンド投げのメカニズムがどうなっているのかを学ぼう。

オーバーハンド投げは、ムチを振るときと同様のメカニズムが、人間の骨格に働いている動作である。ムチを握り、グリップにギュンと下向きの力を加える。すると、その仕事によって、ムチに運動エネルギーが与えられ、保存される。ムチを振る手の動きを止めると、ムチの動きが手元から先端に向かって連続的に静止していく。その際に、保存されたエネルギーが先端に向かって次々に転移する。ムチのエネルギーがうまく流れれば、最後に「ピシッ」と音が出る。人間の骨格は、ムチのようにやわらかくはない。しかし、関節を介し同様のメカニズムを利用することで、運動エネルギーを順次転移させ、末端部（手首からボールへ）のスピードをあげているのである。

オーバーハンド投げの動作は、四つの局面に分かれる（図14）。第一の局面は、投げ手の逆足を引き上げながら胴体を後ろにねじる、ワインドアップと呼ばれる動作である。第二の局面であるコッキング初期では、引き上げた脚を前に踏み出す。第三の局面、コッキング後期では、第一の局面でねじった胴体をもどしつつ、前屈姿勢をとることで肩の移動スピードを高める。その後、肩から外旋した上腕部をねじりもどしながら、腕をムチのように使って末端のスピードを高める加速期が、第四の局面である。

野球の投球動作中の身体各部位のスピート変化を見てみよう（図15）。スピードのピークが、腰、肩、肘、手首と徐々にずれているのがわかる。初めに腰のスピードがまし、ついで肩、肘、手首、最後にボールというように、各部位のスピードが順々にピークを迎えながら、身体の末端にいくほど増大している。このように、スピードのピークを順次ずらしていくメカニズムこそが、前述したムチ動作と同じ仕組みなのである。このムチ動作によって、体幹でつくられたエネルギーが末端まで流れること

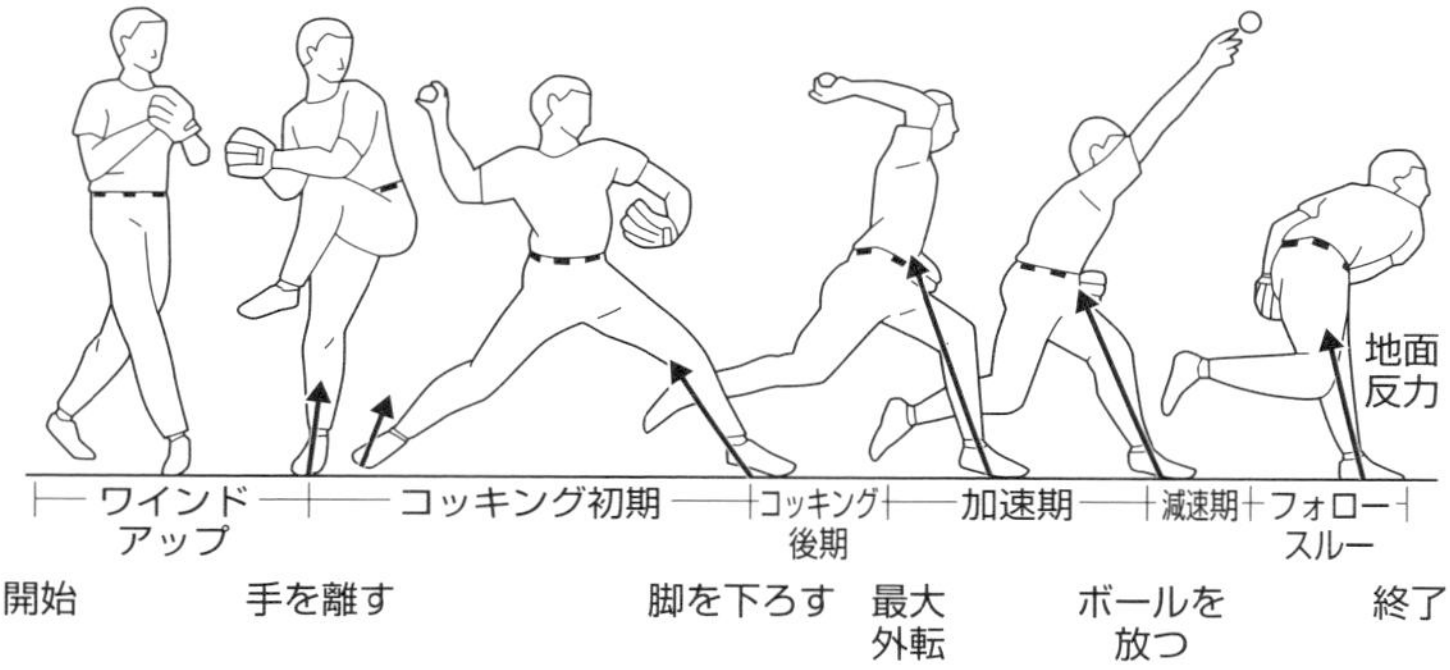

図14　投球動作と地面反力ベクトル

〔出典〕深代千之『〈知的〉スポーツのすすめ――スキルアップのサイエンス』2012年

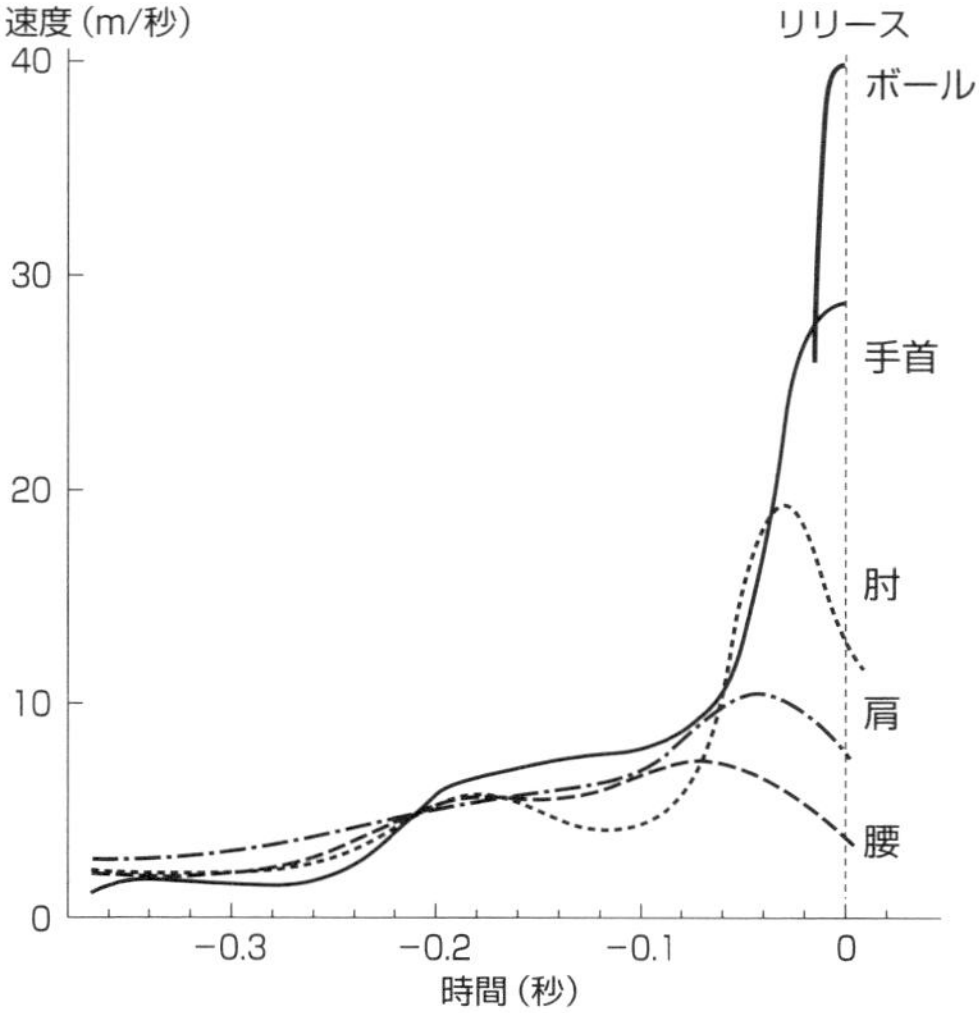

図15　投球動作中の，身体各部位のスピード変化

〔出典〕Hoshikawa ほか，*Bio-mech.* 1976.

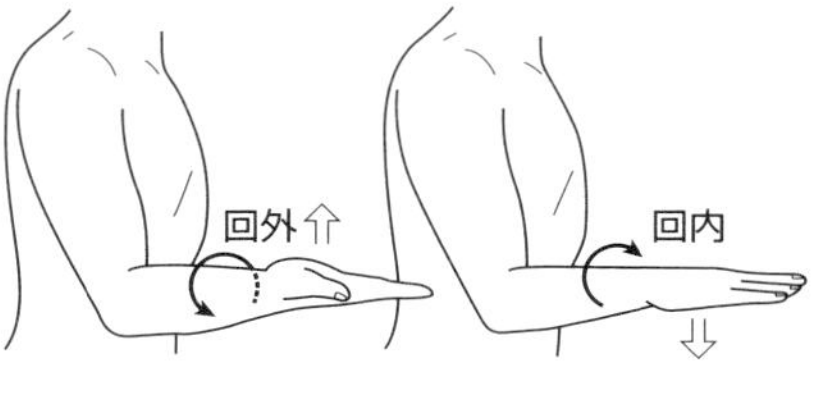

図16　投げ動作の締めとして，とても重要な回内動作

〔出典〕同上

になる。

より遠く、より速いボールを投げるには、ダイナミックでしなやかなムチ動作だけではたりない。身体のムチ動作に加えて、「投げる」動作の最後、ボールを手から放つ（リリースする）ときの動作（スナップ動作）が重要となる。リリース時のスナップ動作で、投げ手は手関節を掌屈するだけでなく、最後に手首を回内する。

手首の「回内」とは、右手でドアノブを回す方向とは反対の方向、つまり親指側に手首をひねる動作のことである。ドアノブを回す方向、つまり小指側に手首をひねる動作は「回外」と呼ばれる（図16、投げ動作の締めとして、とても重要な回内動作）。日本古来の身体技法や、相撲・合気道では、手首の回内は「かいなを返す」という言い方で表現され、重要な技とみなされてきた。この回内が、「投げる」という動作の締めくくりとして、大きな効果を発揮するのである。

「投げる」という動作は、人間固有のものだが、「うまく投げる」能力が生まれながら人間に備わっているわけではない。人間には「投げる」という動作を上達させる可能性が与えられているといったほうが、より正確だろう。人間に固有の「投げる」動作も、うまくなるためには、練習を繰り返さなくてはならない。

今日では、サッカーやバスケットボールなど、野球以外のスポーツをする日本人もふえた。しかし、日本のスポーツ文化に、野球は深く根付いている。このため、多くの男性は、子どものころにキャッチボールをした経験があり、オーバーハンド投げをする際、腕をムチのように使うことができる。その一方で、「投げる」動作の際、ムチ動作ができない女性は少なくない。キャッチボールの経験がないからである。女性の場合、投げる方向に胸を向けて投げる、つまり体幹の捻転を使わない投げ方をする人が多い。これは、一般に「女の子投げ」と呼ばれる。

「女の子投げ」をするのは、女性にかぎらない。野球を知らない国では、「女の子投げ」をする男性はたくさんいる。男性なので、その力で強引に投げることはできても、ムチ動作に見られるしなやかさはなく、力んだわりにボールは遠くまで届かない。

中京大学の桜井伸二教授が研究した日本・オーストラリア・タイの子どものボール投げの発達を見てみよう(図17)。これは、野球を知らないタイの子どもと、野球文化のなかで育つ日本とオーストラリアの子どもの「投げる」距離の比較を実測した結果である。日本とオーストラリアの子どもは、距離に明らかに性差が認められる。男子のほうが女子よりもずっと遠くまで投げられる。一方、タイの子どもの投げる距離は、男子も女子もほぼ同じで、日本の女子とあまり変わらない。タイでは、(男の)子どもたちがキャッチボールをして遊ぶ習慣がないため、距離に性差がなく、遠くまで投げられないのである。これは、「投げる」という動作が、遺伝よりも環境に左右される動作であることがはっきりわかる例である。小さいころにオーバーハンドでボールを投げる経験を積み、そのための神経パターンが脳のなかにつくられたかどうか。そこが分かれ道である。

男女の性差は、「走る」「跳ぶ」の二つの動作にも認められる。ただし、「走る」「跳ぶ」という動作の性差が明確にあらわれるのは一二〜一三歳である。これは男女の身長差が顕著になる、つまり体格差が生じる年齢とほぼ一致している。これに対し、「投げる」動作の性差はもっと早期の、六歳くらいからあらわれる。これは、「走る」「跳ぶ」という動作と比べて、「投げる」という動作の発達が、練習したかどうかに大きく影響されるためである。女子に比べて男子のほうが、神経系の発達する幼児期、あるいは小学校低学年期に、「投げる」という動作を繰り返すため、脳がそれを覚える。そのことが、このような結果となってあらわれているのである(図18)。

ドーピング

競技能力を高めるため、特殊な方法を用いることがある。ドーピングという手段である。ドーピングとは、禁止されている薬物の力をかりて、スポーツ選手がトレーニング効果を高めたり、競技でよりよい結果を出したりすることである。

今日、ドーピングは禁止されている。なぜなら、ドーピングはフェアプレイの精神に反する行為だからである。一定のルールのもとでフェアに競い合うことは、スポーツの基本である。薬物を使用して運動能力を高め、競技に参加することは、公正な競争を阻害することになる。オリンピック憲章に記されたオリンピズムの基本精神においても、フェアプレイはオリンピック精神の重要な柱であると

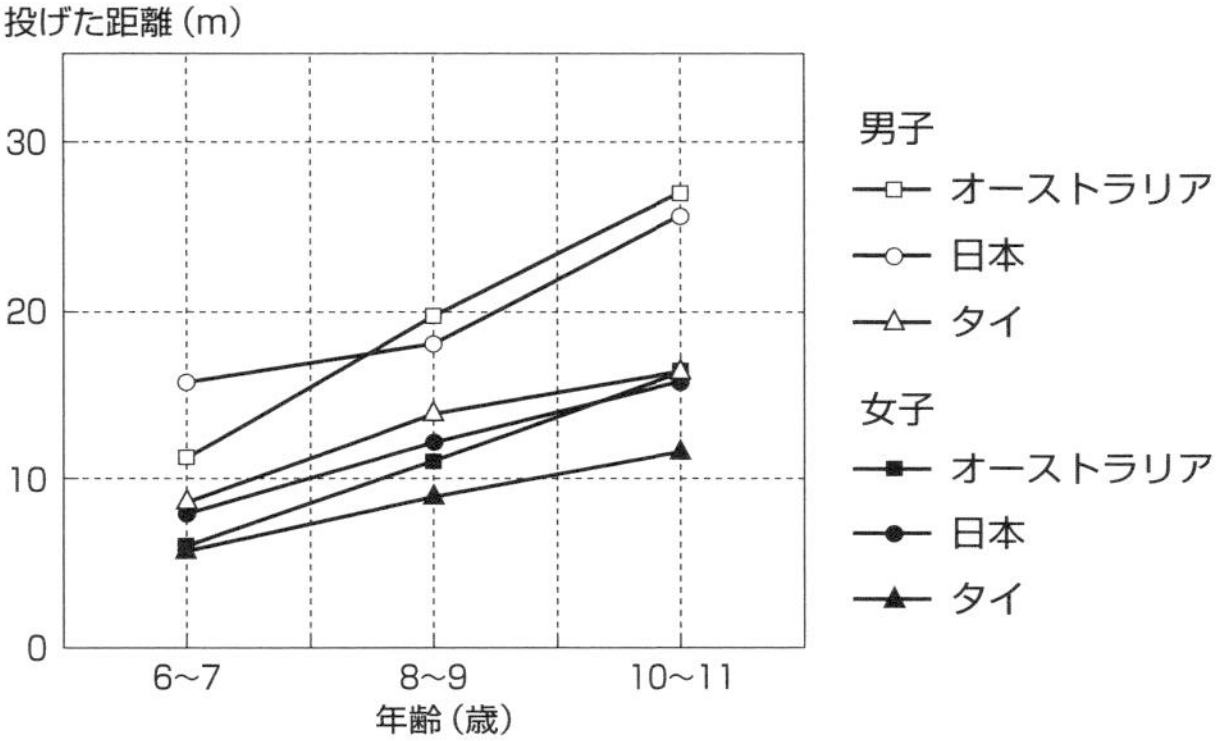

図17　日本・オーストラリア・タイの子どものボール投げの発達

〔出典〕中京大学，桜井伸二教授作図。

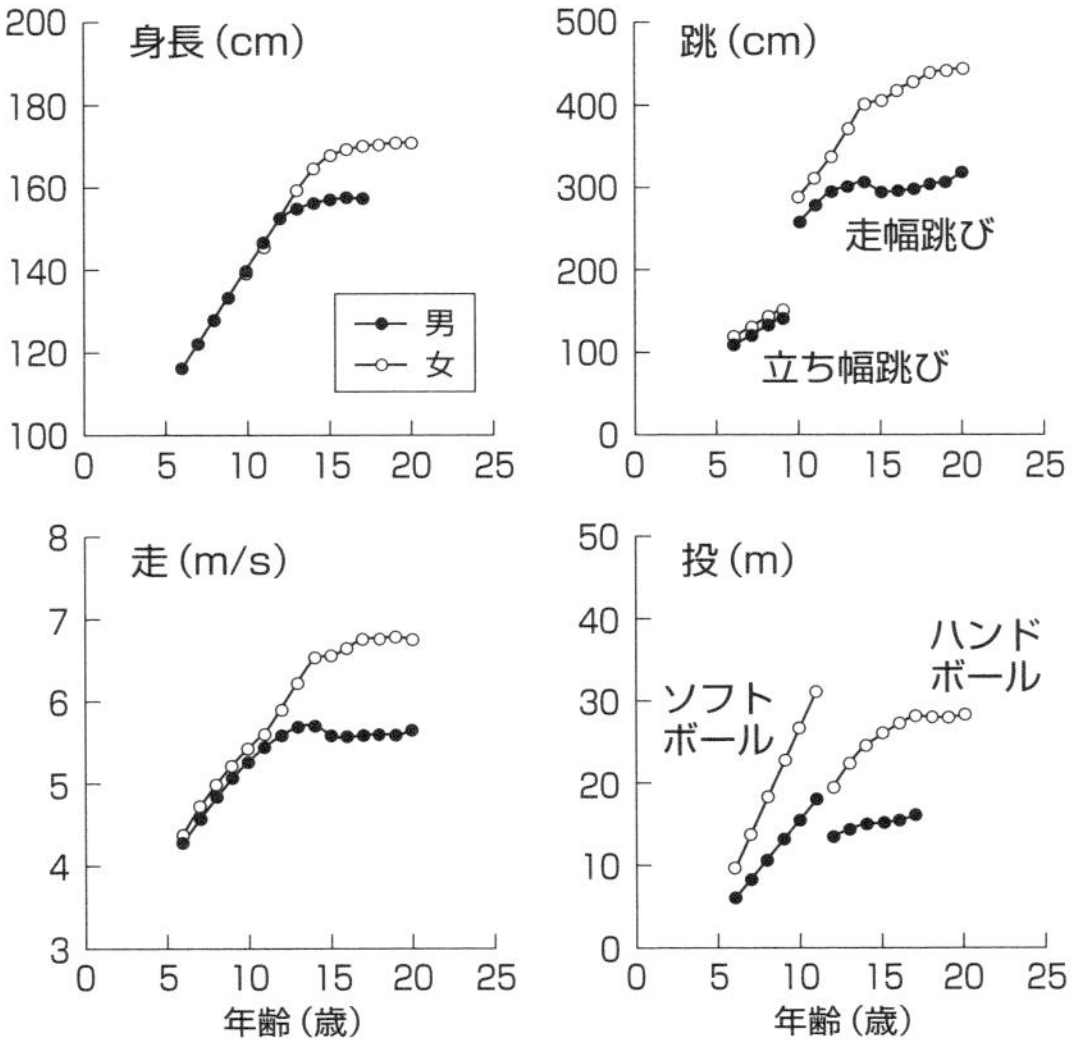

図18　男女の体格差と運動能力の発達

〔出典〕中京大学，桜井伸二教授作図。

明記されている。薬物によってもたらされる能力は、人が本質的にもつ能力とは異なる「ニセモノ」とみなされる。選手は、薬物という外的要素に頼るのではなく、あくまで自己の肉体に真摯に向き合い、トレーニングを積み、パフォーマンスを向上させることが求められる。

選手はもちろんドーピングをしてはいけないことを知っている。にもかかわらず、ドーピングに手を染める選手は後を絶たない。なぜだろう。

第一に、好成績をあげたいという、選手なら誰もがもつ欲求のためである。第二に、好成績に付随する無形・有形の「ご褒美」のためである。例えば、世界一になることによってえられる名誉や、スポンサー契約でえられる金銭的利益である。通常のトレーニングは、長期的視野で取り組まなければならない、つらく厳しいものである。しかも、期待された成果が発揮できる保証が一〇〇%あるわけではない。薬物により、トレーニングでえられる、あるいはそれ以上の能力を、手っ取り早く獲得しようとする選手が出てくるのもわからないではない。ドーピングは選手だけの問題とはかぎらない。コーチが選手にドーピングをもちかける場合もある。ドーピングは、選手の競技参加資格や、選手生命を奪うだけではない。選手の身体自体に害をおよぼす。それがわかっていても、あらゆる犠牲をはらって勝利を手にしようとする選手がいるという事実がある。

ＷＡＤＡ（World Anti-Doping Agency〈世界アンチ・ドーピング機関〉）は、スポーツ選手のドーピング問題を扱う世界初の国際機関として一九九九年に設立された。ＷＡＤＡは、国際オリンピック委員会

（IOC）や国際競技連盟（IF）、選手を含めたスポーツ界、各国政府と協力しながら、アンチ・ドーピング運動を展開している。今日のオリンピックでは、WADAの規定（コード）に明記されている禁止薬物一覧とドーピングの定義に従い、WADAが選手のドーピング検査をおこなっている。

WADAによるドーピングの定義は、「競技者が禁止物質もしくは禁止方法を使用すること、またはその使用を企てること」のみにとどまらない。このほかにも、「競技者の検体に、禁止物質またはその代謝物もしくはマーカーが存在すること」、「検体の採取の回避、拒否または不履行」、「居場所情報関連義務違反」「ドーピング・コントロールの一部に不当な改変を施し、または不当な改変を企てること」、「禁止物質または禁止方法を保有すること」、「禁止物質もしくは禁止方法の不正取引を実行し、または、不正取引を企てること」、「競技会（時）において、競技者に対して禁止物質もしくは禁止方法を投与すること、もしくは投与を企てること、または、競技会外において、競技者に対して競技会外で禁止されている禁止物質もしくは禁止方法を投与すること、もしくは投与を企てること」、「違反関与」（アンチ・ドーピング規則違反への連座）、「特定の対象者との関わりの禁止」（制裁を受けた競技支援者と禁止された関係をもつこと）といった項目に一つ以上あてはまると、ドーピングと判断される。

このように、WADAがドーピングを広く定義して監視にあたっているのは、スポーツ競技が、単に一部の愛好家の閉じられたサークルのものでなく、世界のより多くの人々を結びつける、影響力の大きな人間活動の一つであり、社会的価値を有するとみなされているためだろう。ドーピングは、フェアプレイの精神に反するだけではない。スポーツが薬物に汚染されることは、スポーツの社会的価値を損ねる結果にもつながるのである。圧倒的多数の、薬物に関わっていない「クリーン」な選手が、フェアに競争できる機会が保証されねばならない。スポーツ競技に直接たずさわらない人々も、公正な競技を望む姿勢を守って、ドーピングに対して厳しいまなざしを向ける必要があるだろう。

日本人の伝統的身体技法と科学

本章では、バイオメカニクスの視点から、「走る」「跳ぶ」「投げる」という動作について分析した。これらの動作をおこなうとき、身体のどの部分がどのような仕組みで動いているかを科学的に説明してきた。これらを理解することによって、自分の動きの問題点を知り、それを改善するための効果的な練習やトレーニングの方法をみつけだすことができる。

一方、身体に関する科学的な知識がなくても、自分の感覚を頼りに、さまざまに身体を動かしてみて、「これだ!」という理想の動作に到達できることもある。このような場合、理想の動作がどのような仕組みで実現できるかを、言葉としては科学的に説明できない。そのようなとき、多くの日本人はこういうだろう。「膝を抜いてごらん。ほらできた」「腰を入れてみるといいよ」。理想の動きそのものを引き出している筋や関節のメカニズムがどうなっているのかはわからない。しかし、その筋や関節のメカニズムが結果的に働くコツを、外面的にあらわれている身体の部位を使った言葉で表現する。

自分の感覚に頼って、「目的とするところからあえて違うところを意識すること」により正しい動作に導かれる。じつは、これは日本の伝統的な身体技法である。人間の主観をもとにしたこの技法は、科学とは対極にある。

日本文化のなかで育った人ならば、こうした表現を耳にして、感覚的にどのように身体を使ったらよいかわかる。しかし、そうでない外国人にとっては至難の業である。第一、文字どおり外国語に翻訳してみたところで、彼らには意味がまったくつうじない。何をしてよいのか途方にくれるだろう。

これらは、日本に西洋の解剖学が伝わる十八世紀後半より以前、経験をとおしてえた実践的な知が生み出した表現である。関節の位置や働きを科学的知識としてもっていなくても、「膝を抜く」のであれば膝のあたり、「腰を入れる」のであれば腰のあたりを、なんとなく意識して、求められる身体全体の動作を生み出す手法を見出してきた。

私はバイオメカニクスを専門とするが、このような日本伝統の身体技法のありかたを否定はしない。しかし、「これだ！」と直感的に獲得した動きを、繰り返し再現することは難しい。しかも、「これだ！」で、本当に動作が改善されているかはわからない。

重要なのは、「これだ！」で獲得した動作が、以前の動作に比べて本当に改善しているかを、客観的に判断する視点である。人間の身体の仕組みを、意識や感覚という観点から試すだけでは十分でない。同時に、出力された運動の結果を自然科学の客観的な視点でとらえることも必要である。日本の身体技法を身体文化の一つとして上手に活用しながら、自然科学的に身体動作を評価するという、複眼的な視点が大切である。そのように考えれば、今日高度に発達したスポーツ科学にもとづき、日々練習やトレーニングに励むスポーツ選手にとっても、伝統的な身体技法はある一定の意味をもつことができるだろう。

第5章 近代オリンピックの始まり

普遍的理念とナショナリズムのせめぎ合い

村田奈々子

オリンピックの理想と現実

今日のオリンピックは、単なる国際スポーツ競技大会にとどまらない性格をもつ。オリンピックは、参加する国々のナショナリズムと国威発揚に密接に結びついている。

世界の国々の多くが、自国の都市でのオリンピック開催を望んでいる。オリンピックを誘致するための活動は国をあげておこなわれる。開催都市に選ばれると、その都市だけでなく国全体が、世界から選手と観客を迎えるための準備に莫大なお金をそそぎこむ。準備は、オリンピック競技に直接関係する施設建設・整備にとどまらない。交通機関、宿泊施設、食事や観光サービスといった広い領域で、わずか二週間のオリンピック期間中、選手と観客が快適に過ごすことができるよう、何年もかけて準備を整える。外国の選手や観客にどう評価されるかに、国の威信がかかっていると考える。

ひと昔前まで日本人選手は、「日の丸を背負って」オリンピックに出場したものである。国の名誉のために戦うことを、選手たちは当然のことと考えていた。国の代表というプレッシャーに押し潰される選手も少なくなかった。悲壮感ただよう選手すらいた。メダルの獲得は、選手個人というより国が達成した偉業ととらえられた。

今日では、日本のオリンピック選手たちからも、「オリンピックを楽しむ」というリラックスした発言も聞かれるようになった。獲得したメダルを選手が嚙んでみせる行為も、いつのころからか見慣れた光景になった。しかしそれでも、メダルは選手個人のものである、とは完全にはいいきれないように思われる。獲得したメダルの数は参加国単位で比較され、それがあたりまえであると考えられている。オリンピック競技を観戦する私たちも、勢い日本人選手たちを応援する。日本人選手が勝利すると気分が高揚する。メダル獲得を自分のことのように喜ぶ。

オリンピックとナショナリズム——国の意識の結びつきは、かくも強い。

そもそもオリンピックは、ペロポネソス半島北西のオリンピアで、ゼウスをはじめとするオリンポスの神々に捧げる、古代ギリシア世界の競技会として開催された。十九世紀末、フランスのクーベルタン男爵が、古代オリンピックを近代に「復興」しようと思いたったとき、オリンピックはナショナリズムとは無縁だったはずである。

クーベルタンのそもそもの出発点は、教育改革の一環としてフランスに競技スポーツを導入しようとする取り組みにあった。彼は、競技スポーツが学生の人格形成に寄与すると考えたのである。そこから発展していったオリンピックの理念は、クーベルタンにとって、道徳的・倫理的人間のあり方と強く結びついていた。競争して勝つことではなく、競争をつうじて人間として優れた精神性を獲得することが、オリンピックをつうじて達成すべき究極の目標だったといってよい。

その一方で、クーベルタンの発案による第一回近代オリンピックの開催国となったギリシアでは、この大会が自国の威信をかけた一大行事ととらえられていたことがうかがわれる。今日のオリンピックにみられる、オリンピックとナショナリズムの結びつきの端緒が確認できるのである。これは、クーベルタンのいだいた理念が、特定の国家・民族を利するものでなく、あらゆる人間にあてはまる普遍性をおびていたのと、鋭い対照をなす。今日もみられるオリンピックの理念とナショナリズムのせめぎ合いは、このときすでに始まっていたのである。

本章ではまず、近代オリンピックの理念をあらためてたどることにする。オリンピックを復興させるという考えはいかにして生まれたのか。近代に蘇《よみがえ》ったオリンピックのめざしたものとは何だったのかを初めに確認する。次に、第一回近代オリンピック開催国となったギリシアで、どのような反応があったかをみていく。前代見聞の規模の国際スポーツ競技会の開催は、ギリシアという国家とギリシア民族そのものにとって、大きな意味をもつことになった。最後に、第一回近代オリンピックが実際にどのような大会であったかを述べながら、その特徴を明らかにする。

近代オリンピックの原点に立ち返ってその理念を確認することは、オリンピックに強い関心を寄せる人々にとって、重要かつ不可欠な作業となる。第一回近代オリンピック開催国のギリシアにおいてすでに、オリンピックの理念とナショナリズムはせめぎ合いの様相を示していた。そのことは、オリンピックが単なる国際スポーツ競技会であることをこえた、政治的・社会的・文化的意味をもつイベントであることを、私たちに再認識させることになるだろう。

近代オリンピックの発案者クーベルタン

古代ギリシア世界でおこなわれていたオリンピック競技会を、近代に復興させようと考えたのは、フランスのピエール・ド・クーベルタンである。クーベルタンは貴族の家系に生まれた。このため、クーベルタン男爵としても知られる。

クーベルタンが、後年、近代オリンピックの復興をめざすことになった背景を考えるうえで、彼が貴族の出身だったという点は重要である。ヨーロッパ貴族の価値観、価値意識を受け継いでいたことが、国際的な規模のスポーツ競技会、すなわち近代オリンピックをクーベルタンが発案することにつながったと考えられるからである。彼が拠り所とした価値意識とは、自分にふさわしい天職をえて、私利私欲のためでなく、公の利益のため、何らかの高潔な行為をおこなうというものであった。

一七八九年のフランス革命を発端として、十九世紀のヨーロッパ全土を席巻した数々の革命や政治・社会運動は、国王を頂点とする権力構造を打破し、近代市民社会の成立を促した。身分制にもとづく旧来の社会は否定され、平等な市民からなる社会がめざされた。この潮流のなかで、貴族という特権身分は消えゆく運命にあった。

十九世紀の政治体制や社会環境が生み出した市民社会のなかで、主役を演じたのは中産階級の人々である。彼らは、正当な報酬を要求し、立身出世をめざす人々だった。貴族であるということは、権利としては現実社会で機能しなくなっていった。

貴族として社会に存在することが否定される一方で、貴族の価値意識は生き延びたように思われる。貴族の家系に連なる者は、その価値意識を継承することによって、新興の市民階級とは一線を画した存在として、自らを位置づけようとした。時代状況が変わろうとも、その価値意識は変わらぬ精神とみなされた。貴族であることは、名誉と結びついていた。

貴族にとっての天職とは、金銭的な報酬を約束されるような種類のものではない。あくまで自らの名誉を高め、徳を示す行為である。それは私利私欲や実利の追求とは無縁のものである。倫理的かつ道徳的な、「勲功」と呼ぶにふさわしい行為が求められる。貴族は、勲功を成しとげることによって、社会のなかで新たに自らの存在意義を示そうとした。これは、十九世紀の市民社会成立期において、貴族が自らの生き残りを賭けて選びとった戦略の一つといえるかもしれない。

クーベルタンは、一八六三年一月一日に生まれた。フランスが政治的・社会的に大きく変化しようとする時代のさなかだった。しかも、上に述べたように「過去の遺物」となりつつあった貴族階級の一員として生を受けた。クーベルタンは、旧体制に根をもつ貴族でありながら、新たな時代の息吹を受け止めつつ成長することになった。

クーベルタンの両親は、旧体制時代の貴族の生き方をあくまで貫こうとする人々だった。両親は、フランス革命で断罪されたブルボン王家に忠誠をつくし続ける、筋金入りの王朝主義者だった。クーベルタンは、旧体制の世界観のなかに生き続ける両親に育てられながらも、両親の教えをそのままに受け入れる子どもではなかった。クーベルタンは、両親の固執する旧《ふる》いフランスとは異なる、新しいフランスを体験しつつあった。その過程で彼はしばしば両親に反発した。クーベルタンと両親との心理的な隔たりはしだいに大きくなっていった。クーベルタンはやがて、両親の世界観と決別する。クーベルタン自身の言葉を借りるならば、彼は「死せる過去の廃墟に閉じ込められた……旧世界の貴族」にはなりたくないと考えていた。

一方で、貴族としての価値意識は、クーベルタンに大きな影響をおよぼしていた。彼の生涯は、勲功を成しとげようとする野望に突き動かされていたといってよい。彼は、新たなフランス——両親の敬愛するブルボン王家のフランスではなく、フランス革命以降の三色旗のフランス——で、天職を見出し、それをはたすことを意図したのである。

成年に達したクーベルタンが自らの天職として見出したのは、教育の分野だった。一八七一年、フランスは対プロシア戦争で敗北した。これを契機に、ドイツ帝国が誕生した。それ以降、いかにすればドイツに対抗できる強いフランスをつくりあげることができるかが、国家にとって大きな関心事となった。そのための手段が社会で広く議論され、さまざまな意見が出された。なかでも、教育の改革は有効な手段の一つとみなされた。近代国家において、教育は、私的な営みではなく、公――とくに国家の利益と結びつけて考えられるようになっていた。私利私欲を排し、公益のために行動することを望んでいたクーベルタンが、教育の分野に関心を向けるようになったのも十分にうなずける。彼は、偉大な教育改革を実施して、自分の名前を後世のフランスに残したいと考えるようになったのである。

新たな教育のあり方については多くの提案がなされていた。そのなかで、クーベルタンの教育改革が目を引くのは、スポーツと教育を結びつけた点にある。彼は教育カリキュラムにスポーツを組み込むことによって、フランスの教育を改革しようとしたのである。今日、世界の多くの国々で、スポーツは初等教育から高等教育の重要な柱となっている。しかし、十九世紀のフランスの教育システムのなかで、スポーツはさほど重要視されていなかった。当時、国立のリセ(後期中等教育機関)のほとんどに、真に体育と呼べる科目は存在しなかった。

クーベルタンが教育におけるスポーツの位置づけを考えるきっかけをえたのは、一八八六年、旅先のイギリスでのことである。クーベルタンは、イギリスのパブリック・スクールでおこなわれていた、教育としてのスポーツに大きな感銘を受けた。このイギリスのスポーツ教育をフランスにも導入しようと、クーベルタンは考えたのである。

クーベルタンがスポーツを教育カリキュラムに組み入れようとしたのは、肉体の鍛錬をとおして壮健な若者を育成し、軍人としてフランスを支える人材を育てようと考えたためではない。彼が教育としてのスポーツに期待したのは、別のところにあった。彼の発想はそれほど短絡的ではない。イギリスのパブリック・スクールで生徒たちがスポーツに興じる姿を観察して、スポーツが健康・身体能力の向上に資するばかりでなく、道徳的・倫理的な役割をはたしうると彼は考えた。とくに後者の役割を重視し、道徳的・倫理的観点から、学校教育へのスポーツの導入を提唱したのである。クーベルタンは、スポーツ教育によって徳のある人間を育てることができると信じた。スポーツ教育は道徳的エリートを生み出す力があると考えた。スポーツは、社会教育においても重要な手段たりえるとみなした。生徒たちが自分たちの責任でスポーツ団体を運営することで、現実社会の雛型を経験することになるからである。

パブリック・スクールでおこなわれていたのは、競争に主眼をおいたクリケット、テニス、フットボールなど、球技を主軸とした競技スポーツだった。クーベルタンは、これらの競技スポーツと、当時ドイツで主流であった体操とを比較し、前者がより優れていると判断した。クーベルタンによると、体操とは異なり、競技スポーツは不必要な努力——勇敢さのための勇敢さ、しかも現実には必要のない勇敢さ――に対して向けられる熱狂的肉体の鍛錬を必要とする。この努力こそが、競技スポーツの「高貴さであり、詩でさえある」ものであり、「道徳的価値の秘密」であると彼は考えた。加えて、競技スポーツには完全な自由があると思われた。クーベルタンによると、競技スポーツがはぐくむ自由は、物事に率先してあたる意欲や大胆さ、決断力、そして自主独立の気概を若者たちに与えることになる。これらの要素は、徳のある人物を特徴づけるものである。若者の人格形成をスポーツという手段をとおして実現するという教育改革プロジェクトは、かならずやフランス社会の公益に貢献することになるだろう。この企《くわだ》てを成功させることこそが自らの勲功にふさわしいと、クーベルタンは考えたのである。

公共性の高い教育の分野で勲功を成しとげようと思いたった点に、クーベルタンの貴族としての矜《きょう》持《じ》がみてとれる。スポーツを教育カリキュラムへ導入するにあたり、肉体の鍛錬ではなく、道徳や倫理といった精神面を重視した発想そのものに、彼の生きる姿勢がうかがわれる。このような発想は、万人に普遍な価値という観点から生まれており、時代の主流であった当時の愛国教育とは趣を異にする。国家というものの領域にとらわれず、それをこえようとするのが伝統的な貴族の意識であった。クーベルタンの教育改革には、国家の枠にとらわれない、人間そのものを志向した普遍性、言い換えれば貴族性が内包されていた。

クーベルタンの教育改革に貴族的要素、つまり国家の枠組みをこえる普遍性があったことは、のちに彼が近代オリンピック開催を志向することになる動きを予示していたといえよう。クーベルタンの教育改革は、なぜ世界で前例のない規模の国際的スポーツ大会の実現に結びついたのか。その謎を解く一つのヒントは、教育改革がそもそも内包していた、その普遍性にあったといっても過言ではない。

クーベルタンの理念

クーベルタンは、競技スポーツを教育カリキュラムに導入しようとした。しかし、当初彼の念頭には、スポーツをオリンピックと結びつける発想はなかった。クーベルタンの企てがオリンピックの夢へと変貌をとげたのには、どのような事情があったのだろうか。

一つのきっかけとして考えられるのが、十九世紀後半にあいついだ古代ギリシア世界の考古学上の発見である。

ハインリッヒ・シュリーマン(一八二二〜九〇)のトロイア遺跡の発掘(一八七〇〜七三年)は、ヨーロッパに熱狂を巻き起こした。古代ギリシアのホメロスの作品が架空のつくり話ではなく、歴史にもとづいた物語であることが証明された。彼が私財を投じて掘り当てた古代世界の姿は、まばゆい輝きを放った。一介の商人シュリーマンによるこの偉業は、知識人階級に独占されてきた古代ギリシア文明が、象牙の塔をでて一般の人々にも身近に感じられるきっかけをつくった。人々は古代への想像力をふくらませた。

一八七五年、ベルリン大学のエルンスト・クルティウス(一八一四〜九六)を筆頭とするドイツ人研究者グループにより、オリンピアの発掘が始まった。シュリーマンの発掘が、好事家の「宝探し」と批判されたのとは対照的に、ドイツ人調査団による発掘は、考古学史上はじめての「科学的」調査と位置づけられている。彼らの発掘調査によって、古代オリンピック競技会の開かれた場所がしだいにその姿をあらわしていった。ドイツ政府は、調査団によるオリンピア発掘の年次報告『オリンピア発掘——作業および発掘品の概要』を、一八七五〜八一年にかけて発行した。欧米の学者やジャーナリストは、この報告書を競って読んだ。一八八七年、ヴィクトール・デュリュイ(一八一一〜九四)の『ギリシア人の歴史』によって、ドイツ人調査団によるオリンピア発掘の成果がフランス語でも紹介されることになった。クーベルタンがこの本を読んだ可能性はきわめて高い。

これらの発掘を皮切りとして、ヨーロッパのほかの国々も、古代ギリシアの姿を明らかにしようと競って考古学的調査に乗り出した。フランスは一八九〇年代にデルフォイの発掘で大きな成果をおさめた。イギリスはミロス島やスパルタの調査ののち、一九〇〇年のクレタ島のクノッソス宮殿の発掘で世界の注目を集めた。アメリカも、コリントスやアテネのパルテノン神殿の麓《ふもと》に広がるアゴラの発掘で成果をあげた。

考古学上の発見は、ヨーロッパの知識人階級の古代ギリシアへの興味と関心をいやがうえにも高めた。ヨーロッパではルネサンスの時代以来、古代ギリシアを自らの文明の揺籃《ようらん》の地として崇拝する知的伝統（親ギリシア主義、フィルヘレニズム）が根づいていたからである。近代にはいっても、古代ギリシア語と古代ギリシアの文学・哲学作品を学ぶことが、学校教育のカリキュラムの中核をなした。それは、ヨーロッパの知の蓄積において、古代ギリシアがいかに重要な役割をはたしたかを示している。当時のヨーロッパ知識人にとって、ギリシア古典の教養は常識に属した。

クーベルタンも、イエズス会の中等学校で古代ギリシア語とギリシア古典を学んでいる。古典学を中心としたこの学校で、彼はつねにクラスの上位三人のなかにはいっていた。また、優秀な生徒たちから構成されるアカデミーの幹事も務めていた。このことは、彼がギリシア古典の教養の基礎をほぼ完璧に身につけていたことを示している。

考古学上の発見は、古典の教養を備えたヨーロッパ知識人であるクーベルタンの、知的関心をくすぐったであろう。スポーツに関心をいだいていた当時の彼にとって、オリンピアの発掘は、古代オリンピック競技会という歴史上のできごとに、あらためて目を向ける機会となっただろう。加えて、私財をつぎ込んででも古代世界の姿を明らかにしようとしたシュリーマンの発掘や、ドイツ人調査団による学術的な調査は、私利私欲を排して公に資する行為、つまり勲功であるとクーベルタンの目には映ったに違いない。

競技スポーツの導入による教育改革をめざしたクーベルタンの思いは、いつしかより規模の大きなスポーツの祭典を実現しようとする方向に向かうようになる。そのスポーツの祭典のモデルとされたのが、古代ギリシアのオリンピアでおこなわれていた競技会だった。古代オリンピックを近代に復興させるという、この一大プロジェクトが、彼の天職となるのである。

とはいえ、教育改革とオリンピック復興の企てとの間に、まったく連続性がないわけではない。オリンピック復興の夢は教育改革者としての夢の延長線上にあるものであった。フランスで当初志した教育改革同様、彼がいだいたオリンピックの理念もまた、肉体の鍛錬そのものより、道徳的・倫理的に優れた人格の形成に重きをおいていた。そもそも、クーベルタンの教育改革が内包していた普遍性は、フランスという一つの国の枠組みにおさまるものではなかった。それは、世界の人々の参加が期待される、オリンピック競技会にこそふさわしいものであったろう。

クーベルタンがいだいたオリンピックの理念を補強したのが、クーベルタンが解釈した古代ギリシアの精神ということになるだろう。彼にとって、ヘレニズム（ギリシア精神）とは、「何よりもまず、完璧な平衡状態を実現している、現在あるがままの人間のあり方を肯定する精神」であった。ヘレニズムはクーベルタンにとって、人間賛美の宗教であった。

彼はオリンピアをヘレニズム崇拝の中心地であると位置づけた。オリンピアの地で開催されていた古代オリンピック競技会こそ、クーベルタンにとってのヘレニズムを具現するものだった。クーベルタンは次のように考えた。近代の人間が肉体の運動を考察する際には、つねに古代ギリシアの経験に立ち返る必要がある。運動は国を守るための訓練である。精神と肉体の調和をとおして、肉体美と健康をはぐくむ手段である。さらには、健全で強烈な感情的陶酔を生み出すものとして理解される。これらすべては、人間を人間たらしめる大切な要素である。重要なのは、運動がより優れた人格形成に資するという点である。古代ギリシア人は、運動と人格形成の関係をよく知っていた。キリスト教的思考では、人間は肉体と魂という二つの部分から成ると考える。しかし実際には、人間は肉体・精神・人格という三つの部分から成る。人格は、精神から形成されるのではなく、まずは肉体によってつくり出されるのである。古代ギリシア人は、このような運動と人格形成の関係を熟知していた。

クーベルタンによれば、オリンピアにはこれらすべてがあった。クーベルタンは、自らが生きる時代に人間賛美のヘレニズムをもたらすため、オリンピックの復興をめざそうと目論んだ。勲功を成しとげようとした彼の野望は、フランスという国の枠組みをこえた。人間としての理想型を古代ギリシアに見出し、オリンピックというかたちで実現しようと志したのである。

クーベルタンによるオリンピック復興の提議以前にも、十九世紀には、古代オリンピックに範を仰いだスポーツ競技会がおこなわれていた。一八三四年、三六年のスウェーデンでのスカンジナビア・オリンピック、一八五〇年に始まったイギリスのウェンロック・オリンピック、そして五九〜七九年の間に四回おこなわれた、ギリシアのザッパス・オリンピックがあげられる。さらに遡るなら、十七世紀の初めに、ホメロス風のハープ奏者をまねいてオリンピックの雰囲気をもりあげた、コッツウォルド・ゲームと呼ばれる競技会が、イギリスで開催されたとされる。

したがって、オリンピック復興という発想は、クーベルタンの独創というわけではない。しかし今日、近代オリンピックはクーベルタンの名と直結する。クーベルタンが発案したオリンピックと、これらのスポーツ競技会を区別する要素は何か。第一に、これらの競技会が特定の地域に限定されていたのに対し、クーベルタンの競技会は最初から国際的であろうとした点である。第二に、クーベルタンのオリンピックが、単なるスポーツ競技大会にとどまらない価値を追求した点である。つまり、スポーツをとおして道徳的・倫理的人間を形成するという人格重視の価値観を組み入れたことが、他の「オリンピック」競技会とクーベルタンのオリンピックとの性格を大きく分けた。

この第一の要素と第二の要素によって、クーベルタンのオリンピックは、世界のあらゆる人々に向けた普遍的な価値をもつスポーツ競技会となった。今日から振り返ってみれば、この普遍性こそが、参加国数・参加選手数・観客数において、クーベルタンのオリンピックを歴史上類のない規模のスポーツ競技会へと発展させる鍵であったということができる。オリンピック競技に参加する者、観戦する者、その両者が人間であるかぎり、人間賛美のヘレニズムを志向したクーベルタンのメッセージの受け手たりえたからである。そして今、オリンピックを観戦しながら、単なるスポーツ観戦からえられる興奮だけでない、人間としての貴さに感じ入ることを、私たち一人一人が実感している。これはまぎれもない事実である。

図1　初代IOC委員(左から2人目がクーベルタン)

オリンピック開催に向けて

オリンピック開催の決議がなされたのは、一八九四年六月のパリ国際スポーツ会議においてであった(図1)。発起人は、クーベルタンと、アメリカのプリンストン大学教授(政治学・歴史学)ウィリアム・ミリガン・スローン、イギリス・アマチュア陸上競技連盟会長C・ハーバートの三人だった。スローンとハーバートは、ともにクーベルタンが自らの教育改革運動、オリンピック復興を目論む活動をつうじて、個人的に知り合った人物であった。その他、委員長・副委員長・役員などにさまざまな人物が名を連ねた。いずれも国際性を重視し、アメリカやヨーロッパ諸国から選出された。名誉会員には、ギリシア国王と皇太子をはじめ、ベルギー国王、スウェーデン皇太子、イギリス皇太子、ロシア大公ウラジーミル、その他各国の政治家たちが加わった。

クーベルタンは、オリンピック開催を実現するためには、国際会議の開催が必須だと考えていた。多くの国々の人々が一堂に会し、満場一致で開催に同意することで、オリンピックは将来的に国際的な関心事となり、広く世界の人々に認められる。そのように見通していた。

クーベルタンに、人より優れている点があったとするなら、それは目的を達するために多くの人を巻き込んでいく術を身につけていたということにつきる。その術は、論理よりも人々の感情に訴えかけようとする点に特徴があった。

オリンピックの復興を主張したところで、多くの人には実現不可能な戯言《ざれごと》としか受け止められないだろう。それはよい考えだ、との反応はえられるにしても、実現に向けて積極的に動いてくれるとはかぎらない。まずは国際会議を開催すること。オリンピック復興という企てに好意的な態度は示すものの、その実現については半信半疑の人々を招待すること。そこからがクーベルタンの腕のみせどころである。人々が実際に顔を合わせ、言葉を交わす場で、一つの偉大な目標を共有し、感情的高揚のうちに一体感をもつこと。それが何よりも重要であった。場をともにすれば、参加者は興奮のうちに声を一つにして、オリンピック開催に賛成するだろう。国際会議という場がかもしだす雰囲気とその象徴性が、いかに大きな役割をはたすかをクーベルタンはよく理解していた。オリンピック開催を現実のものとするためには、このプロセスが不可欠であることを、クーベルタンは知りぬいていた。

技術が発達した現代においては、インターネット等の通信手段を用いて、遠く離れた人々とも映像と音声をつうじて議論することができる。しかしながら、実際に人と人とが顔を合わせる国際会議の需要はなくならない。オリンピック招致を目的とした各国のプレゼンテーションと開催地の決定も、IOC(国際オリンピック委員会)総会という場に、実際に人々が足を運んだうえでおこなわれる。クーベルタンの時代と同様、場が生み出す感情の高揚と参加者の一体感がそこにはある。そしてそれがオリンピック大会の成功を保証しているのである。

当初、パリ会議招待への反応は鈍かった。しかし、クーベルタンをはじめとする会議の中核メンバーは、何度も招待状を出し、粘り強く参加を促した。その努力が実を結んで、最終的にはアメリカとヨーロッパの国々から二〇〇〇人が集まることとなった。

会議の初日に、クーベルタンはオリンピック復興の提案をおこなうのにもっともふさわしい場所を選んだ。ソルボンヌ大学の大講堂である。会議出席者の感情を強くゆさぶる効果をねらってのことだった。「由緒あるソルボンヌの屋根の下ともなれば「オリンピック大会」という言葉はより印象深く、力強く聴衆の耳に響くのではないか」とクーベルタンは考えたのである。

ソルボンヌ大学の大講堂では、ヨーロッパ人、そしてアメリカ人の親ギリシア主義をくすぐる演出が用意されていた。「アポロンを讃えるデルフォイの讃歌」が演奏された。アポロンは、古代ギリシア世界で崇拝されたオリンポス十二神の一人で、最高神ゼウスの息子である。デルフォイは、古代には神託を授かる聖地として名高かった。デルフォイの発掘は、フランスの考古学者たちによって数年前に始められていた。ソルボンヌで演奏されたこの「讃歌」は、彼らによって発見された石板にもとづいていた。石板には、アポロンへの頌歌《しょうか》と音符であることが判明した記号が刻まれていた。歌詞はギリシア語からフランス語に翻訳され、古代ギリシアのメロディに調和する合唱のパートが加えられた。ハープの演奏と大人数の合唱を背景に、オペラ座の歌手が頌歌を歌った。ソルボンヌの大講堂に会した出席者たちは、この演出に心を奪われてしまった。

クーベルタンは、オリンピック復興の実現を確信した。このときの様子を、彼はこう書いている。

その場に居あわせた二千人の人々が、敬虔なる沈黙の中、オリンピックの再生を祝福すべく幾時代もの暗闇を超えて死から蘇った神々しい旋律に耳を傾けた。聖なるハーモニーが聴衆を望ましい雰囲気の中へ引き込んだ。調和ある古代の音楽が時代の隔りを超えて鳴り渡る中、いわく言い難い霊妙なる感情がその場を覆った。広々とした会場に、ヘレニズムがこうして浸透したのである。この最初の数時間において、会議は絶頂に達したのだ。もはや誰一人としてオリンピック大会の復興に反対の票を投じるものはありえないことが、その時の私には――そうはっきりと意識していたかどうかはともあれ――分かったのである。

（マカルーン『オリンピックと近代』、柴田元幸・菅原克也訳）

はたしてそのとおりであった。満場一致でオリンピック復興の決議が採択された。翌日からは、オリンピック大会の詳細を決める会議が始まった。夜はクーベルタンが主催する歓迎の宴が続いた。彼はこの会議と会議中のパーティを自費でまかなった。この会議で主導権を握り、結果として自分の望みがかなうのであれば、惜しくはなかった。参加者たちは熱狂と興奮の渦にのみこまれていった。

この雰囲気のなかで、さらに重要な決定がなされた。当初、会議では六年後の一九〇〇年に第一回大会を開催することが議論されていた。しかし、会議開催中、参加者からより早期の開催を望む声が次々にあがるようになった。この声を追い風に、二年後の一八九六年の開催が正式に決まった。開催地はギリシア王国の首都アテネ。オリンピックが蘇るべき場所は、オリンピック発祥の地ギリシアをおいてほかにない。ギリシアでなければならない。異議を唱える者はなかった。

ヨーロッパのメディアすべてが、パリ会議での決定に、もろ手をあげて賛成したわけではない。クーベルタンの理念に理解を示し、好意的な論調に終始した新聞もあれば、無害な気まぐれだと一蹴するものもあった。とくに、フランス国内ではほとんど相手にされなかった。好意的な論調の新聞ですら、開催が実現にいたるかどうかには懐疑的だった。

近代オリンピック大会が成功すれば、それがクーベルタン自身の勲功となる。そこにかけるクーベルタンの熱意がいかほどであったか、大会の実現に彼がいかに心血をそそいだか。メディアは知る由もなかった。

クーベルタンにとって、メディアの評価はそれほど問題ではなかった。彼はパリ会議で絶対的な主導権を握り、すべては彼に都合のよいように進んだからである。会議は大成功だった。会議最後の演説の言葉からは、彼がいかに満足していたかがうかがわれる。

私がこのまま話し続けたら、この晴れやかなシャンペンは退屈のあまり泡も抜けてしまうことでしょう。そこで最後にもう一度だけ大急ぎでオリンピックという言葉を繰り返し、その理念に対し乾杯したいと思います。太陽の力強い光のように、幾時代にも広がる霧を貫いて、オリンピックの理念が今ここに甦り、喜ばしい希望の光をもって、二十世紀の幕開けを煌々と照らしだしてくれるのです。

（マカルーン前掲書）

彼に残されていたのは、最後にして最大の任務――オリンピック大会を実際に開催すること――だった。

ギリシアとオリンピックの復興

今日のオリンピックの開会式では、会場となるメイン・スタジアムに参加する国や地域の選手団が、国名のアルファベット順に入場する。開催国の選手団の入場は最後である。開催国の公用語で国名を表記した場合のアルファベット順に従うので、大会ごとに国や地域の選手団の入場行進の順番が異なる。

例えば日本の場合、英語表記はJapanである。Jはアルファベット二六文字のうち一〇番目。したがって、英語を公用語とする国でのオリンピックでは、入場の順番は真ん中あたりになる。二〇一二年のロンドン・オリンピックでは、二〇五の国と地域が参加した。日本の入場行進の順番は九五番目だった。一方、二〇一四年のソチ・オリンピックでは、ロシア語で国名表記した場合のアルファベット順で、入場行進の順番が決められた。ロシア語で日本は、Япония である。Я は三三あるロシア語のアルファベットの最後の文字である。したがって、参加した八八の国と地域の選手団のなかで、最後から二番目の入場となった。最後の入場は、もちろん開催国ロシアである。

この決まりごとから唯一はずれる国が、ギリシアである。ギリシアの選手団は、夏と冬いずれのオリンピックでもかならず最初に入場する。オリンピックの起源が古代ギリシアのオリンピアで開催された競技会にあることに、敬意を表しての慣例である。二〇〇四年のアテネ・オリンピック開催時には開催国ギリシアの選手団も最後に入場したが、このときも、オリンピック発祥の地ギリシアへの敬意は象徴的に示されていた。選手団入場の先頭を飾ったのは、重量挙げのギリシア人選手だった。彼はギリシア国旗を手に一人で行進し、後続の各国選手団を先導した。

開会式の選手団入場の例にみるまでもなく、私たちはオリンピックとギリシアが切っても切れない関係にあると考える。ギリシアはオリンピックを生み出したという点で、尊敬すべき国とみなされる。前節でみたように、第一回近代オリンピックの開催地がギリシアの首都アテネに決定されたとき、異議を唱える者は誰もいなかった。クーベルタンをはじめ、パリ会議に出席していた人々のすべてが、起源たるギリシアへの敬意を共有していたためである。

このようなギリシアに対する理解は、歴史に照らせば大きな誤りを含んでいる。私たちの多くは、ギリシアという国は、バルカン半島の最南端とエーゲ海の島々を領土として、古代から現代にいたるまで、脈々と存在し続けてきたのだろうと考える。しかし、ギリシアという国の歴史はそれほど古いものではない。国としてのギリシアが誕生したのは一八三〇年のことである。それ以前の時代、歴史をどこまで遡っても、ギリシアという国は存在したことがない。

古代のオリンピックは、ギリシアという国の枠組みのなかで開催された運動競技会ではない。古代世界には、複数の都市国家(ポリス)が並存していた。アテナイやスパルタ、そして古代オリンピックの開催国エリスも、それぞれが独立した都市国家である。これらの都市国家が、地理的に他と区別される政治的統一体、すなわち国としてのかたちを欠いた状態で、ギリシア世界と呼ばれるまとまりを形成していたのが古代である。これらの都市国家は、なぜ「ギリシア」という括りでまとめられるのか。それは、それぞれの都市国家で同じギリシア語が話され、ギリシア語を基盤とする文化と風習が共有され、オリンポスの神々への共通の信仰が守られていたからである。

この古代ギリシア世界は、アレクサンドロス大王の時代、そしてローマによる征服をへて、歴史の舞台から消え去った。残されたのは、ギリシア語を話す人々とギリシア語にもとづく文化だった。オリンポスの神々への信仰は、やがてキリスト教の信仰に取って代わられた。ローマ帝国、ビザンツ

（東ローマ）帝国、オスマン帝国と続く支配のもと、ギリシア語を話す人々は生き延びた。一八三〇年、オスマン帝国から独立するかたちで、ギリシアという国が建設された。古代ギリシアとこの新しいギリシアには、歴史的な直接のつながりはない。二つをまったく同じギリシアとみなすのには無理がある。

クーベルタンにとってのギリシアとは、古代オリンピック発祥の地であり、彼が理想として掲げた人間の道徳的・倫理的価値観を象徴する世界だった。すなわちギリシアとは、理想や象徴となるものを担う、過去の歴史のなかにしかない、現実には存在しない場所だった。多くのヨーロッパ人、アメリカ人にとって、ギリシアとはすでに死に絶えた、想像のなかのギリシアにすぎなかった。

しかし、オリンピック開催が決定された今、クーベルタンは、現実に存在するギリシアという国と対峙しなくてはならなかった。建国されてようやく半世紀をへたばかりのギリシアは、彼には未知の領域だった。彼はこのギリシアという国を相手に、オリンピック開催を受け入れてもらわなくてはならなかった。

はたして、オリンピックの開催地に名指しされたギリシアは、どのような反応を示したのだろうか。首都アテネでのオリンピック開催の申し出を受けたギリシアの人々は、大歓迎したわけではない。一八九四年当時、クーベルタンが実現させようとしていたオリンピックとは、前代未聞の国際的なスポーツ大会であった。「オリンピック」という名を冠した大会が、はたしてどのようなものとなるのか、誰にも予想はつかなかった。この大会が開催国にいかなる利益をもたらすのかも定かではなかった。この「オリンピック」大会が、このさき一〇〇年以上も続く国際的なスポーツ大会になると予想した者は、ほとんどいなかったに違いない。そのうえ、当時のギリシアには、一般の人々がスポーツに価値を見出し、それを享受するといった社会的・文化的土壌がなかった。「スポーツ競技」という概念すら、ギリシアにはまだ存在していなかった。これまで存在しないものを想像することは、私たちにとっては非常に難しい作業となる。

ギリシアでは、オリンピック開催をめぐって賛否両論が渦巻いた。反対の立場をとったのは、ハリラオス・トリクーピス首相(一八三二〜九六)率いるギリシア政府である。誕生してからまだ半世紀ばかりのギリシアは、国づくりの最中にあった。ギリシアは、国家機構や産業構造をはじめとする、あらゆる領域での近代化が急務であった。近代化とはすなわち、工業を発展させ、近代的な軍事力を備えた国になることを意味する。文明国として認められるには、国の近代化が喫緊の課題だった。ビザンツ帝国とオスマン帝国のもと、ヨーロッパの歴史の主流から切り離された歩みをたどってきたギリシアにとって、それは容易なことではなかった。ギリシアの近代化は、同時期の明治日本がヨーロッパを模範として文明国たろうとしたのと同程度に、あるいはそれ以上に困難なものだった。近代化のための政策は、外国からの莫大な借金によってまかなわれていた。オリンピック開催の申し出がなされる一年前の一八九三年、ギリシアは借金を返済できなくなり、国家は破産状態に陥っていた。

現実主義者の首相トリクーピスが、オリンピック開催の申し出にまったく関心を示さなかったのは当然のことである。逼迫する財政事情のなか、競技会場を用意し、外国から選手や観客をまねいて、オリンピック大会という未知なるものを開催する――そのようなことは、ギリシアという国の現実をまったく知らない者の夢物語にすぎないように、トリクーピスには思われた。

パリ会議の五カ月後、はじめてギリシアに足を踏み入れたクーベルタンに、トリクーピスはいった。「どうかわが国の財政状態をご自分の目でじっくりご覧になってください。オリンピックの開催など夢の夢であることがおわかりになるはずです」。国家建設の途上にあったギリシアには、スポーツにうつつをぬかす余裕などなかった。

オリンピック開催に賛同した人々もいる。代表的なのは、野党の党首テオドロス・デリヤニス(一八二六~一九〇五)とギリシア王室である。トリクーピスは現実的な手法でギリシアを近代化し、文明国の一員となることをめざした。一方でデリヤニスは、ヨーロッパ人がいだいている親ギリシア主義の感情をたくみに利用し、古代ギリシアに寄りそうことで、近代世界におけるギリシアの存在意義を示そうと考えた。

ヨーロッパの親ギリシア主義は、当時のギリシア人にとって、時として重荷であり、罪作りなものだった。クーベルタンをはじめとして、当時のギリシア崇拝者たちは、ギリシアという実在する国を直視しようとはしなかった。彼らは、ギリシア国民が現実には何を必要としているのかに、思いをめぐらすことはなかった。親ギリシア主義は、自分たちこそがギリシアの過去につうじている、ギリシアという国のあるべき姿を知っているという態度を、ヨーロッパ人の意識に植えつけていた。

十九世紀、ヨーロッパに次々に誕生した新興国は、近代化を達成するため、ヨーロッパ「先進国」の知識と技術の導入に血道をあげていた。それがギリシアにとって「正しい道」であると、ヨーロッパの親ギリシア主義者たちは考えなかった。矛盾することではあるが、古代に近づけば近づくほどギリシアは近代化するのだと、ギリシア崇拝者たちは考えたのである。それほどまでに、古代ギリシア人の文明は高く評価されていた。同時に、その水準に遠くおよばない現実のギリシアの声は、黙殺される傾向にあった。

クーベルタンは、オリンピックをギリシアの地で復興させることは、ギリシアにとってかならずや利益になると信じて疑わなかった。オリンピック開催は、「過去への巡礼の旅であると同時に、未来に対する信頼の表明」であると考えた。

冒険主義者のデリヤニスは、愛国心を刺激することで国民の支持を集めるタイプの政治家だった。オリンピック開催国となることで、「古代ギリシア人の末裔」としての国民意識が高まるだろう。国民は自尊心を取り戻すに違いない。オリンピック開催でヨーロッパの歓心を買うことが、当時ギリシアが推進していた領土拡張政策には有利であるとの計算も働いていた。

ギリシア王室もクーベルタンの味方となった。ギリシア王室は、ギリシア人の血統を引いていたわけではない。国王ゲオルギオス一世(在位一八六三〜一九一三)は、デンマーク王室の出身だった。彼の妻オルガ(一八五一〜一九二六)は、ロシア皇帝アレクサンドル二世(在位一八五五〜八一)の姪にあたる。ギリシア系ではない王室とギリシア国民とは、つねに不安定な関係にあった。国内外での失政の責任を追求する矛先は、しばしば王室に向けられた。政治家も時として王室と対立した。「本物のギリシア人」ではない王室の人々は、自らのギリシア性を探し出し、ギリシア国内における正統性を示す必要があった。そこに浮かびあがったのが、ギリシアとヨーロッパが共有すると考えられた古代ギリシアの伝統と文化であった。古代のオリンピック復活に王室が一役買うことで、ギリシア国民は王室に対し親近感をもつことだろう。それは、国としての一体感を醸成するはずである。

クーベルタンは、野党と王室の応援をえて、ギリシアの世論がオリンピック開催を容認するよう誘導に努めた。見のがしてならないのは、野党と王室がオリンピック開催支持にまわったのは、クーベルタンが唱えるオリンピックの理念に共感したためではないという点である。野党と王室にとって、オリンピックをつうじ道徳的・倫理的な人格形成をめざすという普遍的理念など、関心の外だった。

クーベルタンのオリンピック構想は、期せずして、オリンピックに新たな意味を付与した。今日ではあたりまえとなった、オリンピックとナショナリズムの結びつきである。ギリシアの野党と王室は、オリンピックをギリシアとギリシア人の専有物ととらえた。オリンピック開催は、国際社会でギリシアという国の地位を高めることになるだろう。それは国威発揚につながる。ギリシア人はギリシア人であることに誇りをもつようになるだろう。

ギリシア世論は、最終的に、ヨーロッパが期待する「古代の装い」をまとうことで、ギリシアが自らの近代性を世界に認めさせる道を選択した。オリンピックの開催——それは愛国心とギリシア人の自尊心の表明と理解された。

クーベルタンが、理想としての古代ギリシアとオリンピックに投影した普遍的な道徳的価値観。実在のギリシアが、オリンピックに期待したナショナリズムの発露。これらは今日にいたるまで、近代オリンピックを特徴づける二つの要素である。両者はかならずしもたがいに排除し合うものではない。しかし、そもそもクーベルタンにとって、ギリシアが実在し、そのギリシアが自分の声を発するという事態は、考えもおよばないことだった。だが、このギリシアの声こそ、クーベルタンを後押しし、ギリシアのオリンピック招致を可能としたものであった。一方でこの同じ声が、クーベルタンのオリンピック構想にとって、厄介な火種として残ることにもなった。

一八九五年、クーベルタンのギリシア訪問の翌年、トリクーピス政権が崩壊し、政敵デリヤニスが首相となった。トリクーピスは政界から身を引いた。彼が引退したことは、オリンピックに向けギリシアが邁進することを制御しようとする勢力が、完全に排除されたことを意味した。王室は、オリンピック開催の旗振り役を自ら買ってでた。

図2　パンアテナイア・スタジアム

今日のオリンピックでは、開催都市が競技会場建設等の資金いっさいをまかなう。第一回大会となるアテネ大会でもそれは同様だった。国家破産で国庫がからっぽのギリシアは、どのようにして資金を調達したのか。それは有志の寄付によってであった。

最大の貢献者は、エジプトのアレクサンドリア在住のギリシア人富豪ゲオルギオス・アヴェロフ(一八一八〜九九)である。彼は、オリンピック大会のメイン会場となるパンアテナイア・スタジアム(図2)を、古代様式そのままに再建するという壮大な計画に、莫大な資金を提供した。古代より大理石の産地であったペンデリ山から、必要とされる石材が運ばれた。数百人の労働者が昼夜を問わず再建のための作業に携わった。古代のパンアテナイア・スタジアムの遺跡に、現代の要請に見合う修正が加えられ、着々と再建が進められた。スタジアムは今日もアテネの中心部に残る。スタジアムに向かって右側には、資金を提供したアヴェロフの銅像が立つ。

図3　第1回近代オリンピック除幕式

第一回近代オリンピック

パリ会議でオリンピック開催が決議されてからおよそ一年半後、第一回近代オリンピック大会がアテネで開かれた。期間は一八九六年四月六日〜十五日（ギリシアが当時採用していたユリウス暦では三月二十五日〜四月三日）の一〇日間である。ＩＯＣの記録によると、一四の国から二四一人の選手が参加した。参加した選手はすべて男性で、半数以上がギリシア人だった。

開会式の前日の四月五日には、パンアテナイア・スタジアム建設の資金を提供したアヴェロフの銅像の除幕式がおこなわれた（図3）。大雨にもかかわらず、数千人が除幕式に集まった。皇太子コンスタンディノス（一八六八〜一九二二）が幕を除くと、「アヴェロフ万歳！」「ギリシア万歳！」の声があがった。

四月五日は、西方のキリスト教（カトリックおよびプロテスタント）にとっても、ギリシア人が信仰する東方正教キリスト教にとっても、復活祭の日であった。キリスト復活の翌日にあたる四月六日に開会が宣言された。こうして古代の記憶のなかのオリンピック大会が復活した。

この日はギリシアにとっても意味深い日だった。一八二一年のこの日、ギリシアは民族の再生をはかるべく、オスマン帝国に対し独立戦争を始めた。四月六日はギリシアの独立記念日であり、例年、軍隊のパレードや祝宴が開かれる特別の日だった。

開会式が開かれた四月六日という日付には、「キリスト教」「ギリシア民族」「古代オリンピック」の三つの要素が、「再生」や「復活」をにおわせながら、じつにたくみに結びつけられていた。当然のことながら、これはギリシア人のナショナリズムをいやがうえにも高める結果をもたらした。キリスト復活の祝祭感。独立国家を手にしたギリシア民族の誇り。古代のオリンピックの復興に貢献することで世界に認められた高揚感。二重、三重の喜びが国全体を包み込んだ。

四月六日開会式の当日、スタジアムに集まった観客の正確な数はわからない。当時の記録からは四万〜七万の間であったと推定される。スタジアム内にはいりきれずに、近隣の通りや丘に詰めかけ、遠くスタジアムでのできごとを共有しようとした人々を含めると、八万あるいは一二万におよんだという説もある。当時のアテネの人口は一三万である。いずれにしても、前代未聞の数の人々が押し寄せたことになる。

観客の九割五分はギリシア人が占めた。しかし、スタジアムからはさまざまなヨーロッパの言語が聞こえてきた。さまざまな国籍の人々が観客席を埋めていた。身振りを交えながら意思疎通しつつ、みな開会式の始まりを期待に胸を高鳴らせながら待ちかまえていた。

図4　王室の人々の入場

午後三時過ぎ、開会式が始まった。ギリシア国歌が演奏されるなか、王室関係者一行がスタジアムを行進し、王座についた(図4)。皇太子コンスタンディノスが、開会の辞を述べた。「オリンピック復興の義務を負ったギリシアは、王室の先導によりさまざまな困難を克服して、今日の日を迎えた。この大会によって、各国の参加者との友好が深められるだけでなく、古代の栄光に見合うギリシア国民が生まれることを祈念する」。そう述べた皇太子は、「この大会がギリシアが文明国に仲間入りをはたす契機となることを期待する」ともいいそえた。続いて、国王ゲオルギオス一世が開会を宣言した。「アテネにおける第一回国際オリンピック大会の開会をここに宣言する。ギリシア民族万歳！」

マイクも拡声器もない時代のことである。この声が、スタジアム全体に響きわたったわけではない。おそらく多くの観客にとって、このような式典そのものがはじめての経験だったろう。祝祭的なざわめく雰囲気のなかで、国王の言葉が聞きとれた者など、ほとんどいなかったに違いない。それでも、観客の多くは、まだ見ぬオリンピックなるものが始まったことを理解した。スタジアムは観客の歓声で満ちあふれた。鳩が空に向かって放たれた。

開会宣言に続いて、オリンピック讃歌が披露された。作詞はギリシア人の詩人・小説家コスティス・パラマス(一八五九〜一九四三)、作曲はやはりギリシア人のスピロス・サマラス(一八六一〜一九一七)である。クーベルタンが讃歌をつくるよう要請したわけではない。これは、ギリシアの大会準備委員会が用意したプログラムだった。このオリンピック讃歌は、一九五八年に東京で開催された第五四次ＩＯＣ総会で、オリンピックの開会式で演奏されることが決議された。一九六〇年のローマ大会以降、開催国の言語、もしくはギリシア語でかならず歌われている。

クーベルタンは、開会式の様子をすべて貴賓席で見ていた。クーベルタンは、自らの勲功をようやく手中におさめたかに思えた。ところが、オリンピックの輝かしい復興を告げる開会式で、クーベルタンはまったく無視されていた。クーベルタンの功績を讃える言葉はなかった。オリンピックの普遍的理念が語られることもなかった。かわりに語られたのは、ギリシアのナショナリズムであった。自分から距離をとろうとするギリシア人の態度から、このような事態は十分に予想されていた。クーベルタンは憤りを感じていた。とはいえ、少なくともこの開会式の瞬間には、彼自身も感動に満たされていた。

開会式に続いて、競技が開始された。最初におこなわれたのは一〇〇メートル走だった。一〇日間におこなわれた競技は九競技(陸上・自転車・フェンシング・体操・射撃・水泳・テニス・重量挙げ・レスリング)四三種目にのぼる(図5~7)。

多くの観客にとって、スポーツを観戦するという行為そのものがはじめての経験だった。当時の観客はどのような態度で観戦したか、今日とどういう点で異なるのかは想像するほかない。ギリシアからは最大数の選手が出場していたものの、なかなか優勝はできなかった。観客のほとんどがギリシア人だったことを考えると、この状況がどのように受け止められていたか気になるところである。

当時の文章のなかに、その一端を垣間見ることができる。それによれば、ギリシア人観客は外国人の勝利を温かく祝福していたことがわかる。円盤投げ競技で、ギリシア人選手がアメリカのプリンストン大学の学生選手ロバート・ガレットに僅差で敗れたときの状況を、アメリカ人の観客の一人は以下のように記している。

一瞬、居心地の悪い沈黙があった。そのあと、あいかわらずの優しさとおなじみの思いやりの気持ちで、ギリシア人の観客はアメリカ人に拍手喝采を送ったのである。一八九六年のこの最初の国際的な競技会に参加したすべての国の人たちは、ギリシア人が彼らに教えた礼儀正しさの教訓を覚えていようではないか。

(Kitroeff, *Wrestling with the Ancients*. 村田奈々子訳)

このようなギリシア人の態度は、誰に教え込まれたものでもなかった。これだけ大規模な国際スポ

図 5　円盤投げの優勝者，アメリカの
ロバート・ガレット

図 6　12時間自転車レースのスタート

図 7　ギリシアチームの平行棒の演技

ーツ大会をはじめて観戦した彼らにとって、民族の違いにかかわらず選手を讃えるという態度は、自然発生的なものだったろう。それほどまでに、目の前で展開される競技は、観客に感動と興奮を与えたのである。クーベルタンがオリンピックに込めた理念――人間の道徳的・倫理的態度の育成――は、参加した選手だけでなく、観戦する人々のなかにもはぐくまれつつあった。

一一〇メートルハードル走で優勝したアメリカ人選手トーマス・カーティス(一八七〇～一九四四)も、ギリシア人が優勝者を温かく祝福する様子を記している。

ギリシアの人々は、上層から下層にいたるまで、本当に礼儀正しく、親切にわれわれに接してくれた。時には、彼らの親切にわれわれが当惑することもあった。われわれが勝利をおさめ、自分たちの陣地にもどろうとすると、「ニキ〔ギリシア語で「勝利」の意味〕、ビクトリー!」という称賛の声がついてきた。店の主たちは、われわれを自分の店に呼び込んで、無料で好きなだけ商品をもっていけというありさまだった。(Kitroeff 前掲書)

今日のオリンピックでは見ることの難しい、ほほえましい光景である。同時に、今日のギリシアでもしばしば遭遇する、ギリシア人の人懐こさが、この描写にはみごとに表現されている。

外国人選手の勝利を祝うギリシア人だったが、ギリシア人の勝利を望んでいないわけではなかった。ギリシア人にとっての最高の「贈物」は、大会第五日目のマラソン競技でもたらされた。ギリシア人スピロス・ルイス(一八七三～一九四〇、図8)の優勝である。

図8　スピロス・ルイス

マラソン競技は、そもそも古代のオリンピックにはない種目である。発案したのは、親ギリシア主義のフランス人言語学者ミシェル・ブレアル（一八三二〜一九一五）である。マラトンからアテナイまで四〇キロをこえる距離を走りぬいて、ペルシャ軍との戦いでギリシア軍が勝利したことを伝えた兵士の伝説を、スポーツ競技として再現しようとしたのである。古代のギリシア人が、この競技を知ったなら眉をひそめたに違いない。中庸を重んじる古代ギリシア人にとって、これほど長い距離を走ることは、野蛮極まりないことに思えたであろう。ゼウスを喜ばせることを目的とした古代オリンピックとは、無縁の競技である（第1章参照）。

マラソン競技は、第一回近代オリンピック大会の目玉となる種目だった。かつてこれほどの距離を走った者はいなかった。トレーニング方法など、まだ確立していない時代のことである。ヨーロッパの専門家たちのなかには、この競技は身体に害をおよぼすと主張する者もいた。

それでもなお実施された背景には、マラソン競技が人々の想像力を掻き立てたという側面がある。古代ギリシアのオリンピックを復興させるにあたって、そこにギリシアの歴史を織り込んだ競技を組み入れることの意味は大きかった。古代ギリシアの復活が可視化されると同時に、近代の人間のなかにヘレニズム精神が流れ込んだかのような熱狂を呼び起こした。

ギリシア人は、このマラソン競技に期待した。マラソンの故事は、自分たち民族が独占できる歴史の領域だと考えたからである。クーベルタンも、ギリシア人に勝利してもらいたいと願った。マラソン競技でギリシア人が先頭を切って競技場に帰ってくることがあれば、オリンピックの復興を象徴するできごとになると思われたからである。とはいえ、クーベルタンも楽観はしていなかった。「勝利の栄誉がギリシア人の頭上に輝くと予想した者は、我々の中には一人もいなかった」。

午後二時、二五人ほどの選手がマラソン村を出発した。アテネのスタジアムには、一〇〇メートル走や走り高跳びなどの競技の決勝を観戦しつつ、マラソンの勝者をこの目で見ようと、およそ一〇万人が待ちかまえていた。ラジオもテレビ中継もないこの時代、観客は途中経過について何一つ知らされることはなかった。四時半を過ぎると、観客は待つことに耐えられなくなりつつあった。

夕方五時近く、先頭を切ってスタジアムにはいってきたのは、スピロス・ルイスというギリシア人の農民であった。今日のオリンピックでも、男子マラソンは大会のクライマックスを飾る。大勢の観客が待ちかまえるメイン・スタジアムに、四二キロをこえる距離を走りぬいて先頭ではいってくる選手の気持ちを想像するのは難しい。ましてや、はじめてのマラソンである。ルイスの気持ちはいかばかりだったか。記録は二時間五八分五〇秒だった。

ルイスがスタジアムにはいってきたときの様子を描いた文章が残されている。

その時スタジアムが呈した壮観は、誠に言葉にしがたいものであった。……勝利を祝う、途切れることのない歓声が、四方の空気そのものを揺り動かした。女たちはスカーフを振り、男たちは帽子を振った。今までは用心深く隠されていたギリシアの小旗が、ここに至って一斉に広げられた。感きわまった観衆は、国歌吹奏を楽隊に迫った。誰もが狂おしい熱狂の虜となった。興奮は外国人たちにも伝染し、彼らもまたさまざまな言語で幸いなる勝者に称賛の言葉を送った。

（マカルーン前掲書）

この光景を目にしたギリシア人は、興奮のうちにも強い誇りを覚えた。やはり自分たちは、栄光の古代ギリシア人の末裔だったのだ――その思いを強くした。多くの外国人の目の前で、それが証明されたのだ。マラソンの勝利者は、ギリシア人でなければならない。古代オリンピックは、これによって真に蘇ったのである。外国人も納得の結果だった。

ギリシアという国、そしてギリシア人の「偉大さ」を証明したルイスに、ギリシア人はさまざまな贈物を申し出た。それは、金銭であったり、高価な時計であったり、一生涯有効の飲食代や床屋代だったりした。ルイスは、これらの贈物をすべて断ったと伝えられている。

クーベルタンは、ルイスのこの行為を讃えた。「ギリシアの農民が何よりも尊ぶ、名誉の意識」に由来する彼の振る舞いが「アマチュア精神を大きな危機から救ってくれた」。道徳的・倫理的に優れた人間の育成をめざすオリンピックにふさわしい態度を、ルイスは示してくれた。そこにはオリンピックの理念が体現されていると、クーベルタンは考えた。

期せずしてルイスは、クーベルタンが提唱するオリンピックの普遍的理念と、オリンピックが喚起するナショナリズムの双方を、具現化する存在となった。今日のオリンピックに共存するこの二つの要素が、第一回オリンピックの時点ですでに表面化していたことになる。

ルイスがオリンピックの理念を理解していたかどうかは疑わしい。そもそも「競技スポーツ」や「アマチュア」という概念からして、ギリシアには目新しいものだった。オリンピックのあと、他の国際スポーツ大会にルイスが出場することはなかった。ルイスが、なぜあらゆる贈物を断り、大金持ちの有名人となることを拒否したのか、本当の理由は謎に包まれている。ルイスがふたたび世界の人々の前に姿をあらわしたのは、この第一回オリンピックから三〇年後、ベルリン・オリンピックの開会式に招待されたときであった。

今日のオリンピックでは、表彰式はそれぞれの種目の勝者が決定した直後におこなわれる。第一回オリンピックでは、最終日の四月十五日に、すべての競技の勝者に対する表彰式がおこなわれた。国王ゲオルギオス一世が勝利者の頭に月桂樹の冠を載せ、オリンピアの聖なるオリーブの枝、証明書、そして銀メダルを手渡した。二位となった選手には、月桂樹の枝、証明書、そして銅メダルが与えられた。三位の選手への表彰はなかった。一位の選手に金メダルでなく、銀メダルが与えられたのは、競技は金銭的価値のために戦われるのではないという、オリンピックの理念を反映してのことである。このセレモニーのあと、国王は閉会を宣言した。閉会式でも、クーベルタンの出る幕はなかった。

クーベルタンの遺したもの

第一回近代オリンピックは、予想以上の成功をおさめたといってよいだろう。世界の多くの新聞や雑誌が大会を報道し、その成功を讃えた。オリンピックは、単に前代未聞の国際規模のスポーツ大会というにとどまらない意味をおびるにいたった。

選手として参加した者、観戦した者が、ともにスポーツという「共通語」をとおして、人類の普遍性を体験した。その意味で、第一回大会はきわめて重要な役割をはたした。異なる国・政治・社会・文化環境のなかに生きてきた人々が、一つところに集結して競技に参加する。あるいは、その競技を観戦する。選手は一人の人間として戦いに挑み、観客は民族の違いをこえて同じように興奮し、感動する。競技には、人間としての道徳的・倫理的崇高さが反映されている。クーベルタンのいう人間賛美のヘレニズムが、たしかにそこにはあった。ヨーロッパとアメリカからやってきた選手と観客は、自らの文明の源が古代のギリシアにあることを再確認し、それを共有することで一つに結ばれているのだと感じた。

ギリシアにとって、第一回大会がもった意味は別のところにあった。オリンピックの成功は、ギリシア民族のナショナリズムの勝利と受け止められた。国際社会から文明国と認められる手がかりをえたと感じられた。外国のさまざまなメディアが、オリンピックの成功は開催国ギリシアの「進歩」の証であると書き立てた。ギリシアは古代に近づくこと——古代のオリンピックを復興させるという例外的な手法をつうじて国の近代性をアピールし、世界にその存在を認めさせた。ギリシアは、オリンピック開催がもたらしたギリシア民族と国家の名誉ある地位を、手放すつもりはなかった。そのためには、オリンピックはこれからも永続的にギリシアで開催しなければならないとの声が高まった。

オリンピックは今後どうあるべきか。ギリシア民族と国家に特権的に与えられた、ナショナルな性格の大会とすべきか。特定の民族や国家に縛られない、万人に普遍な理念を掲げた国際的な大会であるべきなのか。オリンピックの性格づけをめぐるこの問題は、大会開催中にすでに論議の的になっていた。大会の熱狂と興奮は、参加選手やコーチから、各国大使や組織委員、外国のメディアにいたるまで、ギリシアでの恒久開催を支持する流れを生み出していた。

この流れに対して、断固として反対したのが、ほかならぬクーベルタンだった。「オリンピック大会の開催地を恒久的に絶対的にギリシアに定めるということは、私の仕事にとって死を意味するとすぐに悟った」と彼は書き残している。ギリシアでのオリンピックの恒久開催は、生みの親であるクーベルタンから、オリンピックを永遠に引き離すことを意味した。それは、彼が人生をかけた勲功を奪われてしまうことでもあった。

ギリシアでのオリンピック開催が決定してから大会が終了するまで、クーベルタンは、ギリシア人によってつねに周縁に追いやられていた。その間、彼に釈然としない思いがあったことは間違いない。それでも、宿願であったオリンピックの復興を優先して、憤りをあらわすことはひかえていた。しかし、オリンピックが、自らの意図とは異なる方向に歩み出そうとするにおよんで、黙っているわけにはいかなくなった。クーベルタンは、自分が当初めざしたかたちでオリンピックを開催するため、断固たる戦いに踏み出したのである。

クーベルタンにとって、オリンピックは、あくまでも国や民族の枠組みをこえた、万人に普遍的な道徳的・倫理的価値観をめざす人格形成の場でなくてはならなかった。第一回大会をギリシアで開催したのは、古代ギリシアに敬意を示す、象徴としての意味が重視されたためであった。オリンピックが復活した今、オリンピックの理念を普及させ、より国際的な注目を集めるためには、世界の都市を巡回するのがもっとも理想的なやり方であると彼は主張した。

最終的に勝利したのはクーベルタンである。ギリシアは、クーベルタンの主張に折れた。ギリシアは、クーベルタンをオリンピックから遠ざけることはできなかった。オリンピックの国際化を阻止し、ギリシア民族に固有の大会として、オリンピックの主催者たる地位を独占することもできなかった。結局のところ、欧米の親ギリシア主義が、近代に復興したオリンピックに正統性を与えている点を、ギリシア人は無視しえなかった。欧米の人々がみているのは、現存するギリシアではない。彼らにみえているのは、背後に幻のようについてまわる古代ギリシアの影なのである。欧米の古代ギリシア崇拝を軽々しくあつかい、クーベルタンのヘレニズムを否定するならば、オリンピックそのものの正統性がゆらぐことになる。そのことに、ギリシア人は気づかされた。

パリ会議の決定から二年足らずで、第一回大会開催に漕ぎつけた最大の功労者が、クーベルタンであることは否定しようがなかった。参加国や参加選手の数は当初の予測を下回った。当時著名な選手が参加しなかったことも事実である。それでも、ヨーロッパとアメリカにまたがるクーベルタン個人の人脈と、社会への発信力がなければ、これだけの規模の大会の開催は望むべくもなかった。オリンピックをギリシア固有の大会であると性格づけてしまえば、大会の魅力のなかば以上は失われてしまう。そのこともまた、ギリシア人は認めざるをえなかった。

オリンピックが、国際的な注目をあびる大会であり続けるには、クーベルタンのような、国境をこえ、私利私欲をもこえたところに価値を見出す、貴族の資質を備えた「国際人」が必要とされた。近代に蘇ったオリンピックは、ギリシアの専有物ではない。オリンピックを、世界の共有財産として守りぬいたクーベルタンの判断は、間違ってはいなかったであろう。それは、彼自身の勲功のためというにとどまらない。最終的には、現代世界を生きる私たちのためであったともいえる。近代オリンピックがギリシア・ナショナリズムにからめとられていたならば、この大会は遠からず消滅していたに違いない。私たちが、オリンピックに感動し、興奮し、オリンピックが体現する価値を深く認識することはなかったであろう。

生き続ける理念

十九世紀末、ヨーロッパでは、国と国との利害対立が先鋭化していた。各国でナショナリズムの機運が高まり、他国を敵視し、他国を出し抜いて、自国の利益を確保することに躍起となった時代である。そうしたなか、万人に普遍な道徳的理念を掲げて、国と国、民族と民族とをつなぐ国際的な大会として、オリンピックが構想されたことの意味は大きい。

二十世紀にはいり、世界は二度の大戦を経験した。第二次世界大戦後、政治イデオロギーの違いから、世界の国々は資本主義の西側陣営と共産主義の東側陣営に分断された。この激動の歴史のなかで、オリンピックは、時に国際政治の力学に利用され、押し潰されそうになった。

その最たる例が一九三六年の第一一回ベルリン・オリンピックである。オリンピックは、ドイツ民族のナショナリズムに完全に利用され、ドイツ第三帝国の力を誇示し、喧伝する場と化した。第一回大会マラソン競技優勝者のスピロス・ルイスが、開会式で一枚のオリーブを手渡した相手は、ほかならぬナチ党の総統アドルフ・ヒトラー(一八八九〜一九四五)である。一九四〇年に予定されていた第一二回東京オリンピックは日本政府が国内外からの反対の声に押されて、一九三八年に開催返上を決定した。一九四四年の第一三回ロンドン・オリンピックは戦火のため中止になった。共産圏で初の開催となった一九八〇年の第二二回モスクワ・オリンピックは、前年のソ連によるアフガニスタン侵攻の余波で、西側諸国をはじめとする五〇カ国近くが集団ボイコットした。

そうした暗い歴史を刻みながらも、オリンピックはともかくも生き延びて、今日にいたっている。それを可能にしたのは、オリンピックが理念として発し続けてきた人間賛美のメッセージである。

近代オリンピックにおいてもっとも重要なことは、「勝利することではなく、参加することである」とされる。この言葉に的確に表現されている道徳的・倫理的態度は、古代オリンピックが何よりも重視した、勝利への執念とはまったく異なる価値観をあらわす。このことからも、近代オリンピックが単なる古代オリンピックの復興ではないことがわかる。近代オリンピックは、人間賛美のメッセージを全世界の人々に向けて発信しようとする。そのような価値意識を創造したことが、オリンピックが今日まで続く国際的なスポーツ競技会となりえた要因である。

第一回大会から一世紀以上をへた今日、夏季オリンピックは二〇〇をこえる国と地域から、一万人以上の選手が参加するまでになった。クーベルタンの時代からみれば、オリンピックは大きく変貌した。選手のトレーニング方法から、IOCが容認するコマーシャリズムにいたるまで、オリンピックを取り巻く環境の変化には驚くべきものがある。変わらないものがただ一つあるとしたら、それはクーベルタンがオリンピックに託した理念――スポーツをとおして道徳的・倫理的人間を形成するという人格重視の価値観――であろう。これこそが、オリンピックを人類の文化的・精神的遺産たらしめているものである。理念はあくまで理想であって、現実は異なる――そのような声が聞こえてくるのを十分に予期しつつ、私たちはオリンピックの初心に立ち返るべきであろう。

おわりに

二〇二〇年、東京で二度目のオリンピックが開催される。日本で開催される夏の大会としては五六年ぶりであり、オリンピックに対する人々の関心も高まることであろう。大会に向けて気分も高揚するに違いない。だがその一方で、この間にオリンピックを取り巻く世界情勢がどのように変化してきたかという問いにも、私たちは向き合わざるをえない。それはオリンピックという個別の問題を超えて、世界がどこに向かってゆくのかという大きな問いに直結している。

この半世紀の間に起こった最大の変化とは、冷戦構造が崩壊し世界経済がグローバル化した結果、国民国家の意義が相対的に低下し、国家や政治というものが経済に従属してしまったことだろう。資本も人も情報も簡単に国境を越えるボーダーレスの時代が到来した背後で、貧富の格差は拡大し、社会の分断はとめどなく進行している。オリンピックにコマーシャリズムの論理が侵入することを、もう誰も押しとどめることができない。オリンピックは、巨大な資本がしばしば投機的に投下される場となった。二〇〇四年アテネ大会のバブルに踊らされたあげく、空前の経済破綻を起こしたギリシア共和国の例を思い起こせばよい。オリンピックはたしかに多くの喜びをもたらす。しかし、招致さえすればたいがいの国内問題が解決されるという時代では、もはやないのである。

今後私たちは、オリンピックとどのように関わってゆくべきなのか。発祥の地である古代ギリシアから今日まで、人類がオリンピックにどのような情熱を傾けてきたのかを、複数の研究領域から探究することによって、おのずとこの問いへの答えがみつかるに違いない。本書はそのような見通しから企画されたものである。教養としての知の文脈にオリンピックを位置づけるという執筆者たちの意図を、そこに読み取ってもらえれば幸いである。

それにしても、私たちを異常なまでの熱狂に誘うオリンピックの吸引力とは何なのか。なぜ人々は準備に莫大な資源をつぎ込み、普段あまり見たこともない競技にすら感動し、そして大会が終わればかならず喪失感を覚えるのか。考えてみれば、全世界の人々が同じ場面を見て同時に歓声をあげるという機会は、通信技術が発達した今日でさえ、オリンピックをおいてほかにあまり思いつかない。スポーツ競技そのものが発する魅力であれば、毎年の世界選手権でも目にすることができる。しかし、このいわくいいがたい高揚感は、オリンピックでしか味わえない。それは、同じ祝祭を世界中の人々と共有しているという、まさにその一体感からくるものである。

「参加することに意義がある」というクーベルタン男爵の言葉は、今や空洞化した近代オリンピズム理念の一例として引き合いに出されることが多い。勝たないと意味がないというのが暗黙の了解であるし、選手はみな「いい色のメダルをとりたい」と公言する。だが、「参加する」ということの意味を広く解釈して、オリンピックに集まる人々、そして競技を世界のあちこちから見守る人々すべてにあてはめるならば、「参加する」ことの意義は、今でもけっして小さくない。一位だけが称賛され、二位以下はすべて敗者とみなされていた古代のオリンピアで、もしクーベルタン的な理想を語れば、一笑に付されたかもしれない。しかし逆説的だが、オリンピックに各国から人々が参加することには、じつは古代ギリシア世界の国際政治上重要な意義があったといわれる。なぜならオリンピックは、戦車競走などに参加するべくやってきた各国の政治エリートたちに、期せずして一堂に会し接触するという、またとない外交の機会を提供したからである。競技がさかんに催されている裏で、相互の友好回復をめざして水面下の政治折衝がおこなわれることもあっただろう。それに実際問題として、各ポリスから有力政治家がオリンピアに集まってスポーツに熱中している間だけは、国際紛争はおのずと棚上げされた。だから、オリンピックが一時的であれ国際平和に寄与するということもありえた。競技の結果にかかわらず、彼らがオリンピアに集まったということ自体に、ギリシア人相互の和合を助けるという大きな意味があったのである。

選手のみならず、オリンピックを注視するすべての人々が、たとえかりそめにでも一体感を共有するということは、古代でも現代でも、勝ち負けを超えて深い意義をもつ。人々が競技のために集まり、また彼らをさらに多くの人々が見守るということそのものに、独自の価値が生まれるのである。

今後オリンピックは、そのような人類の連帯感をはぐくむ場として発展してゆくのか。それともコマーシャリズムに屈して、資本の暴走と世界の分断に手を貸す結果に終わるのか。それは、誰にも予測のつかないところである。だが、金銭的なものを超えた聖なる価値をめざして競うことへの感動を人類が失わないかぎり、古代以来のオリンピックの息吹は絶えることがないと信じたい。

橋場　弦

二〇一六年六月

古典史料

アイスキネス『弁論集』木曽明子訳，京都大学学術出版会（西洋古典叢書），2012年〔1章〕

アテナイオス『食卓の賢人たち 4』柳沼重剛訳，京都大学学術出版会（西洋古典叢書），2002年〔2章〕

アリストテレス『弁論術』戸塚七郎訳，岩波文庫，1992年〔1章〕

イソクラテス『弁論集1』小池澄夫訳，京都大学学術出版会（西洋古典叢書），1998年〔2章〕

内山勝利編『ソクラテス以前哲学者断片集5』小池澄夫ほか訳，岩波書店，1997年〔2章〕

クセノフォーン『ソークラテースの思い出』佐々木理訳，岩波文庫，1953年〔1章〕

ディオゲネス・ラエルティオス『ギリシア哲学者列伝』加来彰俊訳，岩波文庫，1984-94年〔1章〕

テオグニスほか『エレゲイア詩集』西村賀子訳，京都大学学術出版会（西洋古典叢書），2015年〔2章〕

トゥーキュディデース『戦史』久保正彰訳，岩波文庫，1966-7年〔1，2章〕

ピンダロス『祝勝歌集／断片集』内田次信訳，京都大学学術出版会（西洋古典叢書），2001年〔2章〕

プラトン『パイドロス』藤沢令夫訳，岩波文庫，1967年〔2章〕

プラトン『プラトン全集10』戸塚七郎他訳，岩波書店，1975年〔2章〕

プラトン『国家』藤沢令夫訳，岩波文庫，1979年〔2章〕

プラトン『法律』森進一・池田美恵・加来彰俊訳，岩波文庫，1993年〔2章〕

プラトン『ソクラテスの弁明』納富信留訳，光文社古典新訳文庫，2012年〔2章〕

ヘロドトス『歴史』松平千秋訳，岩波文庫，1971-2年〔1章〕

ホメロス『イリアス』松平千秋訳，岩波文庫，1992年〔1章〕

松平千秋・久保正彰・岡道男編『ギリシア悲劇全集12 エウリーピデース断片』安村典子ほか訳，岩波書店，2008年〔2章〕

リュシアス『リュシアス弁論集』細井敦子ほか訳，京都大学学術出版会（西洋古典叢書），2001年〔2章〕

Kaltsas, N. (ed.), *Agon: National Archaeological Museum, 15 July-31 October 2004*, Athens, exhibition catalogue, Hellenic Ministry of Culture, National Archaeological Museum of Athens, 2004〔3章〕

Kitroeff, A., *Wrestling with the ancients: modern Greek identity and the Olympics*, New York, Greekworks.Com Inc, 2004〔5章〕

König, J. (ed.), *Greek athletics,* Edinburgh, Edinburgh University Press, 2010〔1章〕

Kurokawa, S., Fukunaga, T., Fukashiro, S., Behavior of fascicles and tendinous structures of human gastrocnemius during vertical jumping, *J. Appl. Physiol.* 90(4): 1349–1358, 2001〔4章〕

Kurokawa, S., Fukunaga, T., Nagano, A., Fukashiro, S., Interaction between fascicles and tendinous structures during counter movement jumping investigated *in vivo*, *J. Appl. Physiol.* 95(6): 2306–2314, 2003〔4章〕

Miller, S.G., *Ancient Greek athletics*, New Haven/London, Yale University Press, 2004〔1章〕

Nagano, A., Gerritsen, A., Fukashiro, S., A reliability analysis of the calculation of mechanical output through inverse dynamics: a computer-simulation study, *J. Biomech.* 33(10): 1313–1318, 2000〔4章〕

Nagano, A., Komura, T., Fukashiro, S., Effects of the length ratio between the contractile element and the series elastic element on an explosive muscular performance, *J. Electromyogr. Kinesiol.* 14(2): 197–203, 2004〔4章〕

Raschke, W.J. (ed.), *The archaeology of the Olympics: the Olympics and other festivals in antiquity*, Madison, University of Wisconsin Press, 1988〔3章〕

Smith, M.L., *Olympics in Athens 1896: the invention for the modern Olympic games,* London, Profile Books, 2004〔5章〕

Tselika, V., *Olympic games 1896: the photographical album of Albert Mayer*, Athens, Exandas - Benaki Museum, 1996〔5章〕

参考文献（〔　〕は関係する章を示す）

一般

ピエール・ド・クーベルタン『オリンピックの回想』カール・ディーム編，大島健吉訳，ベースボール・マガジン社，1976年〔5章〕

桜井万里子・橋場弦編『古代オリンピック』岩波新書，2004年〔1，2章〕

ジュディス・スワドリング『古代オリンピック』穂積八洲雄訳，日本放送出版協会，1994年〔3章〕

『大英博物館　古代ギリシャ展』国立西洋美術館，2011年〔3章〕

納富信留『ソフィストとは誰か？』人文書院，2006年（ちくま学芸文庫，2015年）〔2章〕

納富信留『プラトンとの哲学 ――対話篇をよむ』岩波新書，2015年〔2章〕

長谷川純三編著『嘉納治五郎の教育と思想』明治書院，1981年〔2章〕

深代千之「バトンパスのサポート」『月刊陸上競技』，2001年12月号〔4章〕

深代千之『〈知的〉スポーツのすすめ――スキルアップのサイエンス』東京大学出版会，2012年〔4章〕

深代千之ほか『スポーツ動作の科学』東京大学出版会，2010年〔4章〕

ジョン・J・マカルーン『オリンピックと近代――評伝クーベルタン』柴田元幸・菅原克也訳，平凡社，1988年〔5章〕

村田奈々子「近代オリンピックと創始者ピエール・ド・クーベルタン――ヨーロッパ的才能のひとつのかたち」『子どもと発育発達』13(4)，2016年〔5章〕

和田浩一「嘉納治五郎から見たピエール・ド・クーベルタンのオリンピズム」金香男編『アジアの相互理解のために』創土社，2014年〔2章〕

Beale, A., *Greek athletics and the Olympics*, Cambridge, Cambridge University Press, 2011〔1章〕

Finley, M.I., Pleket, H.W., *The Olympic games: the first thousand years*, New York, Dover, 2005〔1章〕

Fukashiro, S., Kurokawa, S., Hay, D., Nagano, A., Comparison of muscle-tendon interaction of human m. gastrocnemius between ankle- and drop-jumping, *Int. J. Sport & Health Sci.* 3, 253–263, 2005〔4章〕

図版出典一覧

Andronicos, M., *Olympia: the archaeological site and the museum,* Athens, Ekdotike Athenon, 1996. 107-**4**, 109, 119-**13**

Barringer, J.M., The temple of Zeus at Olympia, heroes and athletes, *Hesperia 74.2,* 2005. 113-**9**

Beale, A., *Greek athletics and the Olympics,* Cambridge, Cambridge University Press, 2011. 21-**5**, 25-**10**, 28-**15**, 29, 32, 33-**20**, 45

Bothmer, D.v., *The Amasis painter and his world: vase-painting in sixth-century B.C. Athens,* Malibu, J. Paul Getty Museum, 1985. 123

Buitron-Oliver, D. (ed.), *New perspectives in early Greek art,* Washington DC, National Gallery of Art, 1991. 155-**41**

Golden, M., *Sport and society in ancient Greece,* Cambridge, Cambridge University Press, 1998. 129-**17**

Kakavas, G. (ed.), *Leaving a mark on history: treasures from Greek museums,* exhibition catalogue, Athens, Numismatic Museum & National Archaeological Museum, 2013. 107-**1**

Kaltsas, N. (ed.), *Agon,* exhibition catalogue, Athens, Hellenic Ministry of culture, National Archaeological Museum of Athens, 2004. 125, 133-**19**, 137-**21**, 142-**27**, 153-**36**, 153-**37**, 155-**39**, 155-**40**

Miller, S.G., *Ancient Greek athletics,* New Haven/London, Yale University Press, 2004 18-**3**, 23-**7**, 25-**9**, 26-**12**, 26-**13**, 27, 43-**21**, 43-**22**, 137-**22**, 137-**23**, 137-**26**, 149-**32**, 149-**34**, 153-**35**

Spathari, E. (ed.), *Mind and body : the revival of the Olympic idea 19th-20th century,* exhibition catalogue, Athens, Ministry of culture, 1989. 137-**25**

Stewart, A., *Greeek sculpture,* New Haven/London, Yale University Press, 1990. 107-**3**, 113-**6**, 142-**28**

Swaddling, J., *The ancient Olympic games,* Austin, University of Texas Press, 2008. 107-**2**, 133-**18**, 149-**33**

Tselika, V., *Olympic games 1896: the photographical album of Albert Mayer,* Athens, Exandas- Benaki Museum, 1996. 210, 230-**5**, 230-**6**, 230-**7**, 232

Χρήστος Χατζιόσιφ, επιμ. , *Ιστορία της Ελλάδας του 20ού αιώνα,* A2, Αθήνα, 1999 227

Ιστορία του ελληνικού έθνους, Νεώτερος ελληνισμός από 1881 ώς 1913, Αθήνα, 1977 225

飯塚隆提供 113-**7**, 113-**8**, 119-**10**, 119-**11**, 119-**12**, 129-**16**, 142-**29**, 142-**30**, 142-**31**, 155-**38**

野田隆提供 224

村田奈々子提供 28-**16**, 137-**24**

ユニフォトプレス提供 カバー表, 61, 65, 69, 77, 95, 99, 134, 167

ユニフォトプレス提供／©Trustees of the British Museum 18-**4**

執筆者紹介

橋場　弦（はしば ゆづる）　1961年札幌生まれ。東京大学大学院人文科学研究科博士課程修了，博士（文学）。現在，東京大学大学院人文社会系研究科教授。主要著書：『アテナイ公職者弾劾制度の研究』（東京大学出版会），『賄賂とアテナイ民主政――美徳から犯罪へ』（山川出版社），『民主主義の源流――古代アテネの実験』（講談社学術文庫）

村田奈々子（むらた ななこ）　1968年青森県生まれ。東京大学文学部西洋史学科卒，ニューヨーク大学大学院博士課程修了，PhD（歴史学）。現在，東洋大学文学部准教授。主要著書：『物語　近現代ギリシャの歴史』（中央公論新社），『ギリシアを知る事典』［共著］（東京堂出版），『ギリシア史（新版世界各国史17）』［共著］（山川出版社）

納富信留（のうとみ のぶる）　1965年東京生まれ。東京大学大学院人文科学研究科修士課程修了，ケンブリッジ大学大学院博士課程修了，PhD（古典学）。現在，東京大学大学院人文社会系研究科教授。主要著書：『プラトンとの哲学　――対話篇をよむ』（岩波新書），『ソフィストとは誰か？』（ちくま学芸文庫），『プラトン　理想国の現在』（慶應義塾大学出版会），『ソフィストと哲学者の間』（名古屋大学出版会）

飯塚　隆（いいづか たかし）　1964年埼玉県生まれ。東京大学大学院人文科学研究科博士課程単位取得満期退学。現在，国立西洋美術館研究員。主要著書：『西洋美術館』［共著］（小学館），『イタリアの世界文化遺産を歩く』［共著］（同成社）

深代千之（ふかしろ せんし）　1955年群馬県生まれ。東京大学大学院教育学研究科修了，博士（教育学）。現在，東京大学大学院総合文化研究科教授。主要著書：『〈知的〉スポーツのすすめ』（東京大学出版会），『スポーツ動作の科学』［共著］（東京大学出版会），『スポーツ・バイオメカニクス』［共著］（朝倉書店）

学問《がくもん》としてのオリンピック

2016年7月10日　1版1刷　印刷
2016年7月20日　1版1刷　発行

編　者　橋場弦《はしばゆづる》・村田奈々子《むらたななこ》
発行者　野澤伸平
発行所　株式会社　山川出版社
〒101-0047　東京都千代田区内神田1-13-13
電話　03(3293)8131(営業)　8134(編集)
http://www.yamakawa.co.jp/
振替　00120-9-43993
印刷所　株式会社　太平印刷社
製本所　株式会社　ブロケード
装　幀　菊地信義

©Yuzuru Hashiba, Nanako Murata 2016

Printed in Japan ISBN978-4-634-64084-9

・造本には十分注意しておりますが，万一，落丁本・乱丁本などがございましたら，小社営業部宛にお送り下さい。
送料小社負担にてお取り替えいたします。
・定価はカバーに表示してあります。